Metaverse

元宇宙NFT

精讀本

編著　黎榮鉅

跨版生活

編者序

自從 2021 年底社交媒體公司 Facebook 宣布將改名為「Meta」後,「元宇宙」(Metaverse) 這個名詞在網上馬上引發熱潮。許多人都在問,「元宇宙」究竟是什麼概念呢?為什麼大家都抱着這麼大的期待呢?這本書就為你一一解開這些疑團。

大家都知道,在電子遊戲裡早就有「開放世界」的概念,遊戲主角可在開放世界中冒險,參與戰鬥和完成任務,也可以得到道具或勛章作為獎勵,然而這一切都只是遊戲而已。但在「元宇宙」中,參與者除了可以玩遊戲和交朋友外,也可以進行真正的經濟和商業活動,那是因為「元宇宙」以虛擬貨幣作為基礎設施之一,而虛擬貨幣雖然價值會浮動,但依然可輕易和實體貨幣對換。因此在元宇宙中你可如現實世界一樣進行服務和商品買賣、藝術品和地產投資等等的活動,顛覆了傳統虛擬世界的概念。

另一個和「元宇宙」幾乎同時冒起的名詞是「非同質化代幣」(NFT),這又是什麼東西呢?簡單來說,NFT 和虛擬貨幣一樣,都是建基於區塊鏈的技術。由於區塊鏈有共同維護和不可修改的特性,除了可用來製作虛擬貨幣外,也可以用來認證物件或商品,被認證的物件或商品就變成獨一無二、不可複製的,從而使一些本來容易被大量複製的數碼產品變得更有價值,間接鼓勵了藝術家或生產者在虛擬世界進行經濟活動,甚至實現了虛擬房地產的買賣。

以上只是「元宇宙」和「NFT」概念的簡單描述,將來的虛擬世界發展會有無限的可能,這本書會是你最好的起點,跳上「元宇宙」發展的快車,抓緊虛擬世界的各種機遇。

目錄

　　元宇宙應用的興起與電子遊戲成為部分新世代的共同日常有關，尤其是當新世代在沉浸式遊戲環境下進行社交互動，相對減少在社交平台的時間，商家便是時候思考轉向這方面以求留下這群新興消費者。如果再不行動，將可能會錯失新一代這一大市場。

　　在 VR/AR 裝置越來越進步的趨勢下，更加要把握與內容有關的商機，所以開始有更加多的媒體內容能以元宇宙裝置觀賞。將遊戲世界描繪成元宇宙環境，改良為去中心化地運作，將遊戲內容包括土地、建築物、人物裝扮，以致遊戲道具等借用非同質化代幣 (NFT) 形式，讓參與者購買擁有權。

　　時尚品牌也發現機不可失，和各式平台合作或自行開發，務求以元宇宙概念構建引入遊戲或觀賞等元素的自家品牌項目，吸引新世代參與及宣傳品牌和產品，同時留住舊有客戶群，進而達到線上售賣或吸引顧客到線下實體店參觀選購的目的。開發品牌相關的 NFT 產品，既可以用作遊戲道具，亦可以作為收藏投資的數碼資產用途。

　　由於這些數碼資產的擁有權借助 NFT 來清晰界定，於是更加可引伸到其他非遊戲或品牌產品，例如藝術品（或影音娛樂等）亦可以利

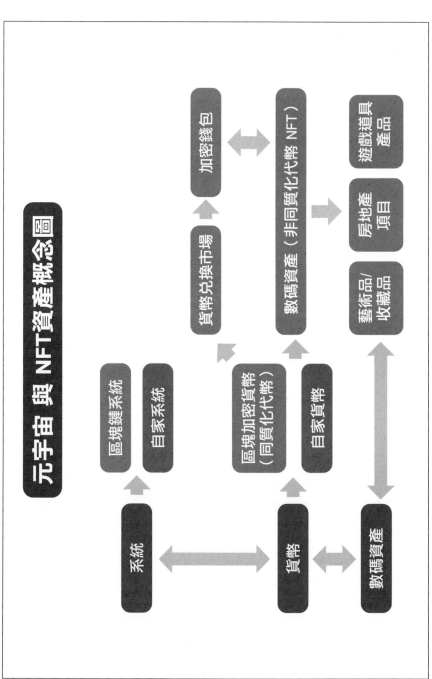

元宇宙 與 NFT資產概念圖

系統 → 區塊鏈系統 / 自家系統 → 貨幣兌換市場 → 加密錢包

貨幣 → 區塊加密貨幣（同質化代幣）/ 自家貨幣 → 數碼資產（非同質化代幣 NFT）

數碼資產 → 藝術品/收藏品 / 房地產項目 / 遊戲道具產品

▲遊戲世界進化成元宇宙環境的概念圖。

用 NFT 來界定擁有權，解決網絡上存在已久的下載後就可以隨意複製的老問題。於是 NFT 搖身一變成為新興的收藏和投資項目，投資元宇宙房地產 NFT 亦有價有市。

　　本書介紹元宇宙概念及起源、背後去中心化的原理、加密貨幣和非同質化代幣 (NFT) 的分別、如何參與元宇宙項目、鑄造和買賣 NFT 的途徑，讓大家可以輕鬆了解和投入元宇宙的世界！

黎榮鉅
Kenny Lai

Part 1

元宇宙
數碼虛擬世界

1.1
電子遊戲虛擬世界與元宇宙概念

電腦遊戲和手機遊戲，很多時候都是一個虛擬的世界。簡單如賽車遊戲，玩家進行賽事的賽道，由早期的純粹虛構、到後來越來越精細，把現實世界的賽道模擬得十分逼真。假設玩家可以利用 VR（Virtual Reality）器材把畫面帶到面前，配合五感（視、聽、觸、味、嗅）的設備感受真實般的震動、視覺和聽覺等，然後可以花費虛擬貨幣把跑車改裝、加添設置、進行各式各樣的裝飾。玩家可以設定頭像，花費購入別出心裁的戰衣、裝備，令自己和別的玩家有顯著的區別，吸引其他參觀比賽的玩家注視的目光。於是賽車遊戲便有了一個自己的虛擬世界。

電子遊戲以外，現在例如博物館，已經陸續開發了虛擬的版本、或用器材提供不一樣的體驗。假設一群來自不同地區的學生，利用 VR 器材，參觀博物館的虛擬版本，足不出戶（或者說足不出校門），就可以遊歷世界不同國家的博物館。如果每名學生都有一個虛擬的身份、有個人的頭像、容許選擇不同的衣着風格，也能夠和一同參觀的（來自不同地區的）同學利用視像軟件進行交流討論、甚至進行比賽，在疫情嚴重的環境，不失為很實用的學習方法。

在這兩個例子中,當玩家(或者應該說是用戶),能於一瞬間就從一個賽道跳往另一個國家的賽道,由一間博物館跳往另一個國家的博物館,那就仿如是一個和現實世界平行的時空。**假設有開發商將這類型的賽車賽道或學生用的博物館設置於很多不同的星球上**(當然是指虛構的賽道和博物館,與真實無關),**那麼這些由不同星球組成的世界,就像是一個虛擬的宇宙,也就是現在十分火紅的「元宇宙」**(Metaverse)**的概念。**

當然,這樣的描述和比喻是十分初步的,要達到虛擬世界有如現實世界般的真實體驗,最關鍵的就是如何提供五感體驗(視、聽、觸、味、嗅)的設備。喜愛電玩的朋友會明白,日新月異開發出來的器材,逐漸具備這種構成元宇宙體驗的能力。例如在沙漠乾燥環境下賽車或參觀博物館,如何提供高溫炎熱空氣乾燥的感覺?又或者賽道上有賽車失事爆炸釀成火災,或博物館的展品散發出獨特的香味,如何經設備提供類似真實的味道給用戶?這些都是有待發展和完善的配套。

▲元宇宙用 VR 器材把畫面帶到面前。

1.2
元宇宙歷史背景

　　很多天馬行空的小説或電影，內裡預言的情節或物品，隨着科技的進步，會逐漸變成現實。「元宇宙」(Metaverse) 這個字最早源於美國科幻小説家尼爾·史蒂文森 (Neal Stephenson)1992 年出版的小説《雪崩》（Snow Crash，或譯《潰雪》），小説將 Metaverse 描繪成一個虛擬城市環境，用戶使用高質量的虛擬現實 (VR) 設備進入城市，之後便可以和其他用戶進行互動，在這個虛擬的 3D 空間裡各自生活。現在聽起來好像很普通，但別忘了小説出版的時候，即 1992 年，微軟公司 (Microsoft) 才剛推出 Windows 3.1，其中一個最受歡迎的 Windows 版本 Windows XP 要 9 年後於 2001 年才推出。

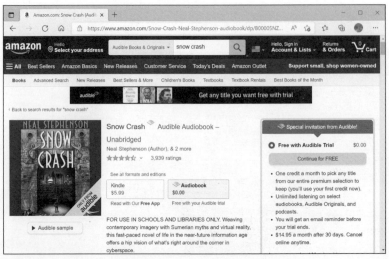

▲ 1992 年出版的小説《雪崩》。

　　除了這本一般看成是始祖的小說，有不少的電影也包括了元宇宙虛擬世界的元素，較為人熟悉的有 1999 年開始上影的 The Matrix 系列，香港譯作《22 世紀殺人網絡》（內地譯為《黑客帝國》及台灣為《駭客任務》），困着人類的「母體」(Matrix) 便是一個元宇宙的例子。另一部電影 Ready Player One，香港譯作《挑戰者 1 號》、內地譯為《頭號玩家》及台灣為《一級玩家》，故事裡虛擬的網絡遊戲「綠洲」(OASIS)，全寫為 Ontologically Anthropocentric Sensory Immersive Simulation，O.A.S.I.S.，意思是以人類為宇宙中心之實體論的感官沉浸模擬體系，也是一個元宇宙的例子。

1.3

3D 版網絡互動

我們可以形容現在的網絡應用是 2D 版，亦即以文字、圖片和視頻為主。元宇宙 Metaverse 是讓用戶以沉浸（immersive）方式參與的 3D 版應用。用戶需要戴上 VR 裝置，頭套或眼罩（或加上耳機和投射裝置等輔助工具），應用「虛擬實境」(VR) 和「增擴實境」(AR) 等技術，進入包含立體圖像和影像合成的虛擬世界，用戶體驗就如身歷其境，而且可以和其他用戶作出交流。

在元宇宙的虛擬世界內，用戶可利用各自的虛擬化身 (avatar)，在透過 AR、VR、3D 等技術創建的「集體虛擬共享空間」裡生活、工作及娛樂等等，例如工作會議、社交、觀展、看演唱會、消費等，打破現實世界的時空限制。

▲各種 VR 裝置。

總括來說，元宇宙是整合多種新技術，產生新型虛實相融的網絡應用和社會形態。也可以說元宇宙是一種讓用戶參與的虛擬生活，可提供不同的功能和體驗。基本上是一個每個人都可參與創造的虛擬世界，而所有人只要有合適器材及網絡連線，都可以隨時隨地進入這個虛擬世界。

1.4
元宇宙的運作特徵

- 用戶需要建立和使用一個虛擬身份 (avatar) 進入元宇宙活動，例如運動員、大學學生、行銷經理等等；
- 用戶可以與其他元宇宙用戶或真人進行互動和社交活動；
- 元宇宙提供的感受是「沉浸式」的，需要具有親歷其境的現實感；
- 用戶可以從任何地方登錄，網絡連線必須是低延遲，否則無法進行實時互動；
- 低延遲的連線（例如高速 5G 網絡）還包括可以讓用戶隨時轉到任何元宇宙內的其他地方；
- 由於是虛擬世界的生活，所以需要有大量多樣化的媒體內容維持用戶長期參與的興趣；
- 元宇宙內需要有完整的經濟系統，讓用戶可以在元宇宙內從事生產活動賺錢及消費；
- 和其他網絡應用一樣，元宇宙需要提供安全性和穩定性。

▶「沉浸式」的
元宇宙體驗。

1.5

元宇宙硬件和技術

元宇宙提供具現實感的「沉浸式」感受，需要有適合配套使用的硬件器材。現時已經出現的例如 VR 眼鏡、運動遊戲使用的感應器等等，是其中的一些例子。但要完全滿足五感體驗，則仍然有一段路要走。

要讓用戶實現任何地方都能夠登錄，又可以隨時轉換活動中的場景，需要連線速度快及低延遲的網絡，現已開始應用的 5G 行動網絡大概可以滿足高速連線這要求。

至於元宇宙是建基於什麼技術平台，就要視乎開發商的決定。例如現時已經有應用區塊鏈 (Blockchain) 技術的元宇宙去中心化虛擬遊戲平台 The Sandbox，其他開發商例如已經改名 Meta 的 Facebook、微軟 Microsoft 等公司，將會採用哪種技術仍是未知之數。

元宇宙的經濟系統，同樣是要留待元宇宙平台的開發商來決定。除了採用自家方案外，**走去中心化路線的 The Sandbox 便沿用區塊鏈技術的「非同質化代幣」NFT (Non-fungible Token) 來記錄資產。而這些 NFT 資產則是以加密虛擬貨幣（同樣基於區塊鏈技術）來進行交易。**

可以形容元宇宙的概念，就是基於運動電玩的硬件器材，使用 5G

網絡來高速連線，配合區塊鏈技術提供經濟基礎，讓用戶可以在一個虛擬世界內生活、工作、社交等等。當然硬件（提供五感體驗）或軟件（虛擬世界的不同活動場景），仍然有待逐漸開發完善。所以不少大企業已經準備投入大量資源發展元宇宙相關的軟件和硬件。

　　不過，基於區塊鏈技術的非同質化代幣 NFT 資產卻並非只能應用在元宇宙內，也可以是單一獨立的數碼產品，原理是透過區塊鏈技術將 NFT 產品的擁有權記錄下來，例如一個數碼圖像檔案內含清楚及不能惡意修改的擁有者資訊，告別傳統數碼圖像在互聯網上可以隨意下載及複製的現象。據統計，NFT 市場產品交易目標，包括遊戲、藝術、運動、元宇宙等等，不過有很大部份是用於收藏目的，因此成為新興的投資工具。

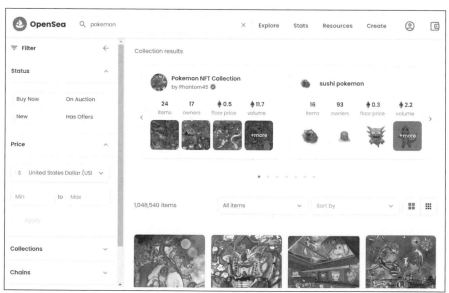

▲在 NFT 交易市場 Opensea 可以搜尋到不同創作者的寶可夢 (Pokemon) NFT 產品在放售。

1.6

北美限定元宇宙
Meta Horizon Worlds

2021 年底 Facebook 正式改名為 Meta，並把業務重心轉向元宇宙。Meta 在 2021 年 12 月開通元宇宙世界 Horizon Worlds。用戶可創立虛擬化身 (Avatar) 在這個虛擬世界內漫遊、玩遊戲、或與其他的使用者進行交流。透過這個例子我們可以預視 Meta (Facebook) 公司打算如何以更精彩的虛擬世界來改革數碼社交世界。

Horizon Worlds 是 Meta 建立於旗下 VR 設備 Quest 的 VR 虛擬社交平台，開通的時候只開放給18歲或以上的美國及加拿大用戶免費使用，但用戶需要購買 Meta 旗下的 Oculus VR 頭戴式裝置 Quest 2 才能體驗這個虛擬世界。用戶創立自己的虛擬化身後，可在平台內與最多 20 人進行互動。平台最流行的三款遊戲，分別是：復古街機風格的大逃殺遊戲「Pixel Plummet」、能乘坐魔法掃帚探索城市的「Wand & Broom」以及坐船的休閒作品「Mark's Riverboat」。

Meta 亦會投資吸引創作者幫助建造更多虛擬內容及相關應用。Meta 內部員工目前亦正在製作免費素材庫，讓用戶可以編寫程式碼創造新虛擬物品或是空間。畢竟，一個廣闊無垠的虛擬世界才算得上是

宇宙，否則只有寥寥可數的應用，便只像是沙漠中的綠洲了。

▲ Horizon Worlds | Meta Quest 2 示範影片。

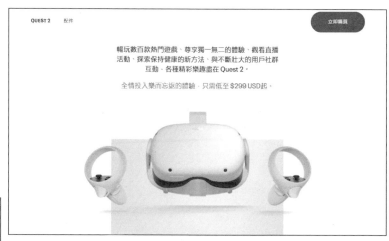

▲ All-in-One VR 頭戴式裝置 Quest-2。

1.7
韓國元宇宙發展經驗

韓國在本世紀初歷經沙士 (SARS) 及金融危機之後，便銳意發展數碼產品及娛樂事業，令手機及周邊產品十分流行。而且娛樂事業帶來的韓流，如偶像團體男團防彈少年團 (BTS) 及女團 Blackpink 等等，在韓國以外世界各地都十分受歡迎。在元宇宙的應用上，韓國無論政府或私人企業都有十分周詳的發展計劃。

韓國首爾市政府在 2021 年 11 月公布計劃到 2026 年的「元宇宙首爾推進基本計劃」(Basic Plan for Metaverse Seoul)，包含中長期的發展方向和戰略及平台的建立。從 2022 年起，首爾市政府將通過元宇宙平台，在經濟、文化、旅遊、教育等行政服務領域實施元宇宙生態系統。

江原道則計劃在 2024 年冬季青奧會開幕之前，利用當地的自然環境、文化元素和冬奧會場館的特點，構建一個元宇宙平台，為參賽運動員提供相互交流的空間。

2021 年 12 月，慶尚南道南海郡在知名的韓國元宇宙平台 ZEPETO 上，舉辦了一年一度的「南海德國村啤酒節」，在元宇宙空間中為遊客展示當地獨特的德國村風貌。

韓國企業搶佔元宇宙商機

因應元宇宙市場逐步擴大，韓國多間跨國企業，包括三星集團、LG 集團、SK 集團等紛紛研發應用於元宇宙的相關技術、開發元宇宙相關產品，以期盡早搶先市場份額。

2021 年 11 月，三星集團旗下的三星電子成功開發出業界首款基於 14 奈米的新一代行動 DRAM（動態隨機存取記憶體）LPDDR5X（低功耗雙倍數據速率 5X）。這款產品在速度、容量和省電特性方面都有大幅提升，有利發展包括 5G、人工智慧、元宇宙等尖端器材。

三星集團旗下子公司三星顯示和 LG 集團子公司 LG Display，計劃以 OLED 等自發光顯示器為發展重心，由於自發光顯示器畫質高、響應快，因此會成為元宇宙內容的 VR 和 AR 設備主要媒介。這些機構還表示會研發超大壁掛顯示螢幕、透明顯示窗、鏡子顯示螢幕、全新 OLED 透明顯示螢幕等產品。

LG 集團子公司 LG Innotek 還有向蘋果和微軟供應 3D ToF 模塊（ToF 即飛時測距的縮寫，是實現 VR 和 AR 功能的核心技術之一），用於計劃於 2022 年推出的 VR 耳機。業內預料在元宇宙時代 LG Innotek 將主導 ToF 市場。

2021 年 7 月，SK 集團子公司 SK Telecom 推出元宇宙平台「ifland」，聚焦於「社交 VR」、「虛擬聚會」的應用上，用戶可使用虛擬化身，在特定的線上場景內進行社交和娛樂活動。這些場景包括會議室、戶外場地

等 18 種不同類型虛擬空間，每個空間可容納指定人數。用戶可使用虛擬道具訂製自己的虛擬化身，包括服裝、髮型等等，通過 66 種不同的情感表達方式與他人交流，還可與他人共享 PDF、MP4 文件等。該公司並表示在 2021 年底在 80 個國家推出「ifland」，及計劃邀請 K-Pop 明星在「ifland」

上定期舉行粉絲見面會，以及為「ifland」增設市場系統，讓用戶買賣數碼物品。

▲ SK Telecom 元宇宙平台「ifland」。
（網址：https://ifland.io/）

韓國互聯網公司大展拳腳

　　韓國最大門戶網站 NAVER、最大互聯網社交網站 Kakao 等互聯網公司，及國民銀行等韓國金融業機構，分別計劃與偶像工業合作，發展多項元宇宙相關業務。

　　早在 2018 年 NAVER 推出元宇宙平台 ZEPETO，用戶可以創建個人 3D 虛擬形象，不受年齡、性別、種族等限制，可以與世界各地用戶溝通及進行虛擬實境體驗。2020 年 9 月，ZEPETO 舉行了韓國偶像女團 BLACKPINK 的虛擬簽名會，超過 4,000 萬用戶參加。至 2021 年 2 月，ZEPETO 平台的用戶人數突破 2 億，20 歲以下佔比 80%、海外用戶佔比 90%。

　　Kakao 旗下 Kakao 娛樂向網石遊戲旗下的元宇宙娛樂投資 120 億韓元（約合 1,000 萬美元），計劃合作開發一個虛擬偶像團體，並於 2022 年推出。元宇宙娛樂亦有計劃將 Kakao 娛樂的網絡漫畫、網絡小說等與網石的遊戲角色結合，開拓與角色相關的元宇宙項目。

　　2021 年 9 月，韓國國民銀行與有「元宇宙女團」之稱的韓國女團 AESPA 簽署廣告代言合約，並公開了「KB 與 ASEPA 相遇」的廣告預告片。

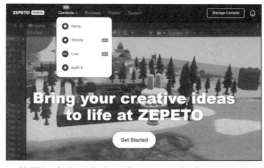

▲ Blackpink 4 位成員和虛擬化身。

▲韓國社交及元宇宙平台 ZEPETO 提供工具讓創作者構建自己的項目。
（網址：https://studio.zepeto.me/）

▲ Blackpink 虛擬化身表演名曲「DDU-DU DDU-DU」。

▲ BTS（방탄소년단）-Dynamite (Official Fortnite Music Video)。

韓國的元宇宙發展例子

隨着 Facebook 母公司改名 Meta，令元宇宙一詞流行起來而且成為熱門話題。特別是自 2020 年初新冠肺炎 (Cov-19) 疫情爆發以來，受種種防疫政策影響，人們使用社交應用程式的時間增加了，同時亦對虛擬社群的需求有所增加。加上元宇宙發展的技術基礎包括虛擬實境 (VR)、增強實境 (AR)、5G 高速網絡、人工智能 (AI)、區塊鏈 (Blockchain) 技術等亦日漸成熟，所以世界各國的政府都紛紛研究元宇宙的應用。

在網絡應用持續領先的韓國，在元宇宙這個新概念領域裡繼續發揮先驅者的角色，正在形成一個由政府引領、民間主導、各大企業開拓、偶像工業驅動的新興元宇宙產業。

2020 年底，韓國科學技術資訊通訊部公布政策《沉浸式經濟發展策略》，這個政策的目標是把韓國打造成全球五大 XR（擴展實境）經濟國家。

2021 年 5 月，韓國科學技術資訊通訊部成立「元宇宙聯盟」(Metaverse Alliance)，目標是透過政府和企業的合作，在民間主導下建構元宇宙生態系統，在實境和虛擬的多個領域實現開放型元宇宙平台。目前聯盟已經包括了 500 多家公司和機

▲韓國科學技術資訊通訊部成立的「元宇宙聯盟」。（網址：https://metaversealliance.or.kr/）

構，包括三星、KT（韓國電信巨頭）。聯盟內機構將分享元宇宙趨勢和技術，組成一個與元宇宙市場相關的道德和文化問題的諮詢小組，同時還會承擔整合元宇宙開發項目。

2021 年 7 月，韓國發布「新政 2.0」，作為其中一部分的「數碼新政 2.0」將元宇宙與大數據、人工智慧、區塊鏈等並列為發展 5G 產業的重點項目。

2021 年 11 月，韓國元宇宙產業協會 (K-META) 成立，該協會是由韓國虛擬增強實境產業協會 (KoVRA) 和韓國行動產業聯合會 (MOIBA) 共同發起的、民間主導的元宇宙聯盟，SK Telecom、三星電子、Naver 等公司均被列為該協會的執行長。該協會力圖在民間創新活動和政府政策支持之間發揮橋樑作用，發展韓國元宇宙產業。

2021 年 11 月初，韓國首爾市政府宣布將打造一個公共服務的元宇宙平台，稱為「元宇宙首爾」。這個項目計劃預計耗資大約 39 億韓元（即大約 330 萬美元），最遲將會於 2022 年年底建成。該計劃將會分三個階段引入元宇宙生態系統，包括市政管理服務例如經濟、文化、旅遊、教育和市民投訴等層面。

此外，韓國政府計劃打造智慧旅遊生態系統，引領旅遊業的發展。作為其中的一部分，「韓國旅遊宇宙」將建立在元宇宙平台上，展現韓國的主要旅遊目的地以及熱門電影、電視劇的拍攝地。到 2022 年，智慧旅遊城市計劃將增至 10 個，建立旅遊型數據存取，為智慧旅遊奠定基礎。

全球首個「元宇宙辦公室」

韓國遊戲公司 Com2uS 在 2021 年 2 月首次公開正在開發中的元宇宙平台「Com2Verse」的預告影片及試玩影片。這個平台將現實世界的社會、文化、經濟系統等搬進數碼世界裡。而其中的 Office World 提供不受現實距離限制的元宇宙工作環境，用戶從通勤、日常開會、日程管理、文件處理，到實時視訊通話會議都包括在內，還原現實世界上班的情況，例如打卡、乘電梯到辦公樓層、在會議室開會做簡報等等。

這樣的環境令工作更高效、便捷，員工亦可在元宇宙的各種活動獲得經濟回報，即是根據用戶表現贈予代幣作獎勵，用戶消費便可以刺激平台內其他的數碼資產和服務，這樣便可以形成一個代幣經濟循環體系，稱為「元宇宙經濟學」(Metanomics)。

Com2uS 預計 2022 年下半年將開啟鏡像世界元宇宙時代，而且會讓旗下公司的全數 2,500 名員工入駐 Com2Verse 平台內。該公司亦會與不同行業的大型領先企業合作，藉着更多企業入駐平台，打造出一個集休閒、娛樂、經濟在內的元宇宙城市，逐步建設元宇宙生態系統。除了上班世界外，元宇宙城市內還會有主題公園世界讓用戶參與遊戲、音樂、電影及表演，以及社區世界作為用戶之間日常交流及分享的地方。右頁為該公司公開的介紹及示範影片 YouTube 網頁：

컴투버스(Com2Verse) 월드 컨셉 오버뷰 - Com2Verse World Concept Overview

收看次數：31,895 次・2021年12月28日　　👍 293　👎 不喜歡　↗ 分享　☴+ 儲存　…

Com2Verse
1.26K 位訂閱者　　　　　　　　　　　　　訂閱

▲▶韓國遊戲公司 Com2uS 的元宇宙平台「Com2Verse」。

컴투버스(Com2Verse) 프로토타입 시연 영상

收看次數：59,628 次・2021年12月28日　　👍 607　👎 不喜歡　↗ 分享　☴+ 儲存　…

Com2Verse
1.26K 位訂閱者　　　　　訂閱

　　「元宇宙」的發展打破了虛擬世界、真實世界與網絡世界的界限，為數碼娛樂行業及電競行業創造了各式的新機遇。「元宇宙」有五大特點：可靠的經濟系統、虛擬身份與資產、強社交性、沉浸式體驗、開放內容創作，在在說明「元宇宙」的核心概念是對虛擬資產和虛擬身份的應用，所以「元宇宙」並不只是電子遊戲的加強升級版，**而是構建「元宇宙」的四大技術支柱即 Blockchain、Game、Network、Display 這些技術的共同發揮。**

　　由區塊鍊及加密貨幣衍生的應用非同質化代幣 (NFT)，令虛擬物品變得資產化，而且可以用於收藏品、遊戲、藝術品、影音及文字產品等多個領域，形成一個巨大的市場空間，很有可能成為「元宇宙」的重要支持，為這些藝術文化產業的發展注入更多的新活力。

　　簡單來說，開放式元宇宙平台基於區塊鏈技術來建立，通常亦會使用同是基於區塊鏈技術的加密貨幣，存在於這種區塊鏈元宇宙的數碼產品一般也是採用區塊鏈技術的非同質化代幣 NFT。區塊鏈技術平台有很多種，例如以太坊 (Ethereum) 和 Polygon 等。以太坊 Ethereum 平台的加密貨幣是「以太幣」(ETH)，Polygon 平台的加密貨幣是 MATIC。而購買或兌換加密貨幣的平台則是加密貨幣交易所，例如幣安 (Binance) 和 Coinbase Pro 等等。

Part 2

元宇宙
打造數碼時尚生態

元宇宙的應用範圍可以延伸到虛擬時尚、虛擬商店、視頻遊戲、社交程式、AR 技術和非同質化代幣 (NFT) 等。對於時尚品牌商家來說，及早了解元宇宙時尚方面的潛力及盡早搶佔商機十分重要。由於現在仍然只是元宇宙的初期發展階段，一些應用虛擬數碼技術和 AI 人工智能的方案，並未完全符合元宇宙的要求，但從中已經可以窺見元宇宙的發展空間。

隨着 VR、AI 等技術的興起和發展，數碼化體驗逐漸成為各行各業關注的議題。以時尚服裝為例，除了現實世界傳統的服裝設計、生產和銷售外，現在開始盛行及發展數碼服飾。尤其在 2020 年新冠病毒疫情的影響之下，各大時裝品牌線下的傳統銷售渠道因為防疫而受阻、大型時裝表演被迫取消，於是時尚業界也積極走向數碼化的發展方向。其他行業也因應各自的需求，而開始探討數碼化虛擬世界的應用如何可以幫助業界發展。

2.1
動物森友會的啟示

動物森友會是 2001 年開售的任天堂社交模擬遊戲，玩家可訂製人物外觀或服飾、村莊、房屋外觀、室內裝潢以及居民管理。**同時，玩家也可以探索村莊，蒐集村莊物品並將其保留或出售，以換取遊戲中的貨幣「鈴錢」。這些概念已經具備元宇宙的部份元素。**遊戲裡的世界就好比元宇宙裡的虛擬世界，訂製人物外觀或服飾就仿如元宇宙內用戶設定自己的造型，蒐集村莊物品換取貨幣鈴錢就和元宇宙內可以進行經濟活動類似。

▶ 動物森友會已經具備元宇宙的部份元素。

2.2
整合虛實項目行銷新策略

年輕的 90 後、00 後新世代人群具有較高的消費潛力，用在社交媒體上的時間也越來越長。所以，對於時尚品牌來説，開發數碼服裝和虛擬體驗可以與更多 90 後、00 後世代建立聯繫。時尚品牌活用 VR、AR 和 3D 等新技術，在虛擬世界內更加可以加深和目標消費者之間的溝通，使他們對品牌的參與感更加強烈。

數碼服裝好處是可以幫助消費者足不出戶就能感受新產品，不需要去實體門店，只需要透過數碼服裝，消費者便可以試穿他們夢想中的產品。所以，當數碼虛擬體驗越吸引，便越能建立一群忠誠粉絲 (fans)，提升對年輕世代中的影響力。這種以新一代的方式去接觸消費者，進行互動、溝通，及讓他們在虛擬世界內體驗產品，更會幫助實體貨品的銷售。隨着元宇宙的不斷發展，打破了物理現實世界的局限，融合現實世界和虛擬世界，帶來了全新的互動體驗和生活方式，也為時尚產業帶來了行銷宣傳上的新發展方向。

2.3

時尚品牌 VR/AR 應用例子

GAP 虛擬試衣功能體驗試穿新裝

美國休閒服飾品牌 GAP 在 2017 年推出虛擬試衣功能 app，不過只能算是比較初步的模式，只是透過模擬的模特兒進行試穿，而未能做到讓用戶上傳自己的照片，而且只有有限的手機品牌可以使用這個 app，所以並不流行，亦未能吸引很多使用者試用。以這樣的技術來說，消費者當然會選擇傳統到實體門市試穿和購物。

自 2020 年新冠疫情爆發後，很多實體店都支撐不下被迫關閉，很多行業使用資訊科技向線上轉移，網上購物造成退貨率上升。虛擬試身室 (Virtual Fitting Room, VFR) 藉由試穿體驗，令消費者可以在購物前先評估服裝是否適合自己，同時也能解決不同品牌尺寸不一的問題，讓消費者減少買錯衣服的機會，從而降低退貨率。

消費者只需要自己拍照並上傳到虛擬試身室，系統便會先評估消費者個人生物特徵，亦會分析消費者的體格和動作，搭配 AI 技術將消費者個人的 2D 與 3D 影像重疊，分析出最適合的款式與尺寸，之後便會

以 AR 以及 VR 技術投射試穿圖片給消費者作為參考。 消費者只要透過虛擬試身室，便可以看到不同衣服搭配在身上的視覺效果，比起在實體店試身室一件一件換上，既省時又快捷。

▲ GAP 的虛擬試身室。
（影片網址：https://vimeo.com/198481246）

　　Gucci 在 2020 年與 Snapchat 合作開發了一個 AR 濾鏡，讓用消費者可以在線上試穿奢侈品，並直接在線上購買。為了吸引年輕一代的潛在客戶，奢侈品牌也會利用虛擬試身室這種嶄新技術。將這種新技術應用在元宇宙內，用戶便可以替自己的虛擬化身購買合適的服飾。

Perfect Corp. YouCam apps 結合 AR/AI 虛擬化妝工具

　　Perfect Corp.（玩美移動）的手機 app 結合 AI 及 AR 技術，是個虛擬試妝工具 app，讓消費者在家也可以輕鬆進行高精確度的 AI 臉部膚況分析。能針對 8 種皮膚參數進行評估，包括：斑點、皺紋、缺水、發紅、油膩、粉刺和黑眼圈等等，亦可進行準確的色彩配對、質感判斷，使消費者可以透過這個手機 app 在線上嘗試商品的模擬效果。超逼真的化妝效果，例如臉部修飾使皮膚更光滑，或上妝、改變頭髮顏色等，瞬間即可完成影像修飾和編輯。雖然這個 app 只提供模擬效果，並非一

個元宇宙虛擬世界,但其中的 AI 及 AR 技術同樣可以應用在虛擬化身的裝扮上。

▶ Perfect Corp. 的虛擬試妝工具 app。
(網站網址:https://www.perfectcorp.com/consumer)

Chanel Lipscanner app 虛擬試妝功能

香奈兒(Chanel)推出手機應用程式 Lipscanner app,消費者可藉由手機的相機掃描身上穿搭衣物或包包等等的顏色,然後在品牌眾多的口紅色系挑選合適顏色,或在 app 內透過自拍進行虛擬試妝,探索口紅塗抹效果及儲存虛擬試妝相片。消費者可以直接在手機 app 挑選合適口紅產品及透過手機在線上直接下單訂購。同樣,如果應用在元宇宙的系統內時,可為虛擬化身透過虛擬試妝選擇心水產品及直接購買。

▶ Chanel Lipscanner app 的虛擬試妝功能。

2.4

時尚品牌融入遊戲或虛擬世界

Nike 聯乘 Roblox: Nikeland

2021 年 11 月 Nike 公司宣佈和 Roblox 平台合作推出 Nikeland，將運動、娛樂結合成一種生活方式。Nikeland 虛擬遊樂場免費開放，人人都可以參與遊戲，設計包括仿照真實 Nike 公司總部製作的建築物、場地與競技場。玩家可以在數碼展廳選擇 Nike 產品來打扮自己的虛擬化身，例如品牌的 Air Force 1, Nike Blazer, Air Max 2021 這些經典鞋款。

▲ Nikeland 虛擬遊樂場。(網址：https://www.roblox.com/nikeland)

遊戲方面，玩家可以和朋友一同參加躲熔岩 (The floor is lava)、躲避球等等小遊戲，玩家如果是使用手機操作，則可以透過感測裝置，讓虛擬化身做出對應的跑跳動作，增強遊戲元宇宙體驗。而遊戲創作者也可以利用平台的互動式體育材料來設計專屬的迷你遊戲。除了可以推廣品牌，也可以作為新產品測試受歡迎程度的一個方法，有機會吸引玩家在現實世界中購買。

Vans 聯乘 Roblox: Vans World 以滑板為主題的虛擬世界

　　Vans 是美國街頭服飾品牌，Roblox 是遊戲平台，兩者合作推出「Vans World」，一個以滑板為主題的虛擬世界。Vans World 將會是一個長期存在的虛擬空間，它融合了街頭文化、時尚、社交等元素。滑板公園的設計靈感來自 Vans 所參與的現實世界項目，其中包括結合滑板、藝術、音樂展演的 House of Vans、美國加州 Huntington 海灘的 Vans Off The Wall 滑板公園等等。Vans World 的使用者可在其中自由選擇喜愛的滑板與服飾鞋款，用作打造自己的獨特穿搭風格，又可以和朋友一起練習滑板技巧，並在過程中像手機遊戲般獲得獨家的 Vans 裝備。Vans World 賦予用戶在數碼世界中的創意表達能力，拉近虛擬與現實世界中時尚和運動兩者之間的差距。

　　Vans World 的服務供應商 Roblox 公司創立於 2004 年，是一間類似 Minecraft（當個創世神）的遊戲平台公司，用家可以像堆樂高積木一樣，自由創建構築自己的世界，及與其他用戶社交互動。Roblox 在 Covid-19 疫情期間極速成長，僅在 2020 年這一年的時間裡，估值便已成長 10 倍至 450 億美元、活躍用戶人數增加至接近翻倍的 3,100 萬人，2021 年 3 月在紐約證交所掛牌上市，在 Metaverse 漸成新世代潮流的趨勢下備受看好。

▲ Vans World 可自由創建構築自己的世界。
（網址：https://www.roblox.com/vans）

Ralph Lauren 聯乘 ZEPETO: 穿梭紐約街頭虛擬世界

以 Polo 衫聞名的美國服裝品牌 Ralph Lauren，自 2020 年起已展開數個使用虛擬技術的青少年流行文化項目，以吸引更多年輕一代的消費者。首先是於 2020 年 8 月和 Snapchat 公司合作推出一系列 Bitmoji 造型服裝，同年 11 月於品牌旗下的實體門市中推出 AR 體驗。在 2021 年 8 月 Ralph Lauren 與韓國虛擬社交平台 ZEPETO 合作創建一個數碼服裝系列和一個主題虛擬世界。**Ralph Lauren 為這個計劃重新設計一批虛擬服裝系列，允許平台用戶購買來為他們的 3D 虛擬化身穿上這些服裝產品**。Ralph Lauren 讓用戶參觀在美國紐約市的三個數碼互動空間。這三個彰顯其品牌精神與特色的虛擬新景點有 Ralph Lauren 咖啡店、Ralph Lauren 紐約市麥迪遜大道旗艦店及紐約中央公園。2021 年 9 月 Kpop 男團 TOMORROW X TOGETHER 化身 ZEPETO 虛擬人像，在 Ralph Lauren 麥迪遜大道旗艦店，與 ZEPETO 用戶在這個虛擬場景內作近距離互動。該公司認為在虛擬世界中進行創新，是吸引下一代消費者至關重要的措施。

▲ Ralph Lauren 的虛擬服裝系列。

由韓國 SNOW 公司推出的虛擬社交平台 ZEPETO 手機 app，2018 年至 2019 年在台灣地區爆紅，用戶可以按喜好自由捏臉換裝，打造自己的 3D 虛擬人偶，與其他用戶於虛擬世界中環遊世界，例如和親朋好友組團到各國合照。當時連韓流明星們如 BTS 防彈少年團、BIGBANG G Dragon、EXO 朴燦烈及歐美歌手 Ariana Grande 等都愛玩。

Louis Vuitton (LV): LOUIS THE GAME

　　法國奢侈品牌 Louis Vuitton (LV) 在 2021 年 8 月因應創辦人 200 歲誕辰發布手機遊戲「LOUIS THE GAME」，遊戲角色即品牌吉祥物 Vivienne 是一朵花卉，象徵品牌精神，亦作為勇敢無畏的探索者和時尚愛好者的虛擬化身。這款遊戲以 Vivienne 的視角探索 6 個主題關卡場景（路易森林、閃光之城、冒險國度、Monogram 之島、陽光都會與生日盛會），深入走進這個品牌的世界。遊戲內用戶可以收集 200 支生日蠟燭，從而了解品牌故事，同時集齊相應的時尚配飾。通過精心設計的遊戲形式，Louis Vuitton 用更有趣的方式向消費者呈現了品牌歷史。

▲ LV 手機遊戲試玩影片 (Game Mobile)。

Gucci: The Gucci Garden Experience

　　義大利奢華品牌 Gucci 在 2021 年即品牌 100 周年之際，在 5 月啟動了為期兩周、建基於 Roblox 平台的「The Gucci Garden Experience」藝術花園體驗虛擬活動，開放給 Roblox 所有用戶參訪。訪客進入 Gucci Garden 體驗時會化身成一個空白的沒有性別或年齡的人體模型。隨着訪客參觀不同空間，模型也會吸取各個展覽裡的元素，最後會成為一個獨一無二的創作。訪客也可以在體驗裡直接購買和穿戴獨家的 Gucci 虛擬道具，這些道具亦可以在 Roblox 平台其他地方使用。

▲ Gucci 藝術花園體驗虛擬活動。

Balenciaga 聯乘 Epic Games: 堡壘之夜 (Fortnite) 遊戲

　　Balenciaga 在 2021 年 9 月和 Epic Games 旗下的遊戲「堡壘之夜」(Fortnite) 合作。Balenciaga 的服裝設計師，對遊戲系列的角色進行 3D 掃描，然後從數碼服裝的面料到質地，還有穿在遊戲角色上的表現，全都會充分考慮。用戶可在遊戲商城購買這些產品，分為虛擬遊戲服飾和限時服飾兩種。這是一個典型的不同行業品牌 crossover，把現實世界和數碼世界結合的例子，透過將時尚品牌產品帶入堡壘之夜遊戲的的元宇宙內，給用戶帶來完全身臨其境的體驗。

▲ Balenciaga 的虛擬遊戲服飾。

Adidas 聯乘 The Sandbox: AdiVerse

　　2021 年 11 月，Adidas 公司宣佈和 The Sandbox 平台合作，構建元宇宙應用 AdiVerse，佔地 12X12 (144 parcels) 的空間。另外，Adidas 公司已率先推出 30,000 個非同質化代幣 NFT 產品，並在 NFT 交易平台 Opensea 放售。

▲ Adidas 的元宇宙和 NFT 產品。（網址：https://opensea.io/adidasOriginals）

2.5
元宇宙互動演唱會

2019 年 3 月 Marshmello - Live at Pleasant Park

美國電子舞曲音樂製作人與 DJ Marshmello 在 2019 年與電玩遊戲「堡壘之夜」(Fortnite) 合作，開啟網上虛擬演唱會的先河，寫下元宇宙演唱會的基礎。Marshmello 透過動作捕捉技術，以虛擬形象 (Avatar) 進行實時直播，觀眾入場之後可以到他身邊和他進行互動，大約 1,070 萬人參加了這場音樂會。

▲ 網上虛擬演唱會的先河。

2021 年 8 月 Ariana Grande:
Fortnite Presents - Rift Tour Featuring Ariana Grande

要看到演出前要先闖關打怪，最後以英雄之姿出現的亞莉安娜像中場秀表演者一樣的方式現身。配合遊戲特性，也利用表演者作為故

事推進的角色，一場為期幾天的虛擬音樂會 Rift Tour 上吸引了多達 7,800 萬玩家。

◀虛擬音樂會 Rift Tour。

2021 年 11 月 Justin Bieber - Wave Presents: Justin Bieber Interactive Virtual Experience

Justin Bieber 與虛擬娛樂平台 Wave 合作，以虛擬面貌在 2021 年 11 月 19 日舉行直播演唱會。觀眾可以通過平台與全球粉絲聊天，也可以使用虛擬表情影響節目舞台，同步與表演者進行即時互動。**這場約 30 分鐘的元宇宙演唱會，是一場實時 Live 和真實動作捕捉的演出，虛擬形象 (Avatar) 的 Justin Bieber 獻唱了最新專輯 Justice。整場演出背景非常華麗，有金色麥田、金色陽光，及從草叢飄然升起的金色螢火蟲。**觀眾可以根據場景向 Justin Bieber 傳送流動的金光，草地會生長出紅、黃、藍三種不同顏色的花叢。

隨着虛擬數碼技術越來越先進，這些元宇宙虛擬演唱會或其他類型藝術表演必定也會越來越普及，吸引更多表演者舉辦這種形式的表演。

▲ Justin Bieber 的元宇宙演唱會。(網址：https://live.wavexr.com/justin-bieber)

在數碼時代的影響力越來越大的環境下，傳統的行銷廣告將逐漸失去吸引力，時尚服飾業界趕上元宇宙潮流，以結合自家品牌產品、青少年流行文化、手機遊戲化的沉浸式體驗，融入新世代消費者的生活中，提升對品牌的好感及培養忠實粉絲。

數碼化與年輕化轉型是時尚品牌在「元宇宙」時代的思考與探索。隨着 Z 世代逐漸成為主導消費市場的中堅力量，只有不斷嘗試新的營銷玩法，增強與消費者的直接互動，與 Z 世代產生情感連接，完成品牌新世代革新，才能為品牌下一步發展增加新動力。

Part 3

元宇宙背後技術：
區塊鏈和加密貨幣

3.1

什麼是區塊鏈？

　　區塊鏈 (blockchain) 是一種經過特別設計的資料庫，資料只可以被加入，但不能移除或修改。構成的方式是由許多區塊 (block) 串連成一條區塊鏈，每個區塊也就是指加進到資料庫的資訊塊。每個新的區塊都會有一個指標指向上一個區塊，通常包含交易訊息、時間戳記等等，來確認這個區塊是有效的。因為區塊鏈的鏈接方式採用加密技術，因此所藏的資料基本是無法被編輯、刪除或是改變。如果試圖改變內含的資料，會令到連接在後面的所有區塊失效。

　　簡單來説，區塊鏈是一種負責記載交易記錄的數碼帳本，可以想像成是一種紙質帳本的數碼化版本。我們可以把區塊鏈設想成一個數據庫，由一項又一項的資料紀錄（稱為「區塊」）所組成。使用密碼學技術把這些區塊連接起來，便成為一條愈來愈長的資料鏈，所以稱為區塊鏈。這項技術的目的，是記錄以及傳播一些無法修改的數碼信息。

　　區塊鏈並不像傳統的、以一種「表格」方式存儲的數據庫，而是以「區塊」來存儲數據，每個區塊都包含前一個區塊的一些信息。換句話說，區塊鏈是一條由多個區塊組成的線性鏈，其中的區塊是由加密憑證連接和保護。這個設計令修改區塊鏈上的數據變得非常困難，因為如果想更改一個區塊的信息，便需要更改在它以後的所有區塊的

信息。

　　雖然區塊鏈信息並非完全不可修改（因為在集體同意的情況下，區塊鏈信息是可以更新的，這稱為「分叉」(fork)）。區塊鏈原本的設計就是為了保證其安全。

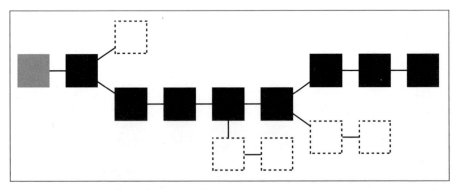

▲區塊鏈形成。主鏈（黑色）由發生塊（灰色）到當前塊的最長系列塊組成。孤兒塊（白色，因採礦出問題而被丟棄的區塊）存在於主鏈外。

3.2

區塊鏈的運作方式

　　區塊鏈之所以流行起來的原因，是它運作的方式是讓全球用戶一起合作來維護和共享同一份帳目。因為是屬於分散式的網絡，所以沒有特定一方或一個用戶，可以持有唯一的健全和完整的區塊鏈，這也就是所謂的去中心化。

　　那麼每個用戶是如何加入運作的大家庭呢？首先用戶必須下載特定軟件，來獨立驗證區塊鏈的狀態，這個軟件會和其他用戶的電腦連接起來及上傳／下載資料（例如交易或區塊）。新用戶每下載一個區塊，都會檢查這個區塊是否依據系統內的規則所創建，並且轉播這個訊息給其他電腦。這個運作生態是可以由數百、數千或是數萬個不同電腦組成，這些電腦同時運作並會同步更新資料庫副本（稱為「節點」Node）。

▶ 意圖。中心化（左）與去中心化（右）示

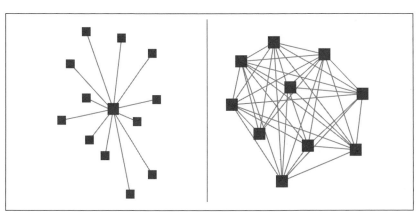

3.3
加載資訊到區塊鏈和挖礦

區塊鏈內所有的區塊都是相互連結的，且由加密憑證來保護，**因此區塊鏈內的資料難以被篡改。為了能夠產生一個新的區塊，參與者們需要進行昂貴且密集的計算活動，而這就是一般人俗稱的「挖礦」**(Mining)。這些礦工們的工作就是要驗證交易，及將這些交易分組到新產生的區塊內，如果滿足條件的話，這些區塊之後就會被添加到區塊鏈內。另外，礦工們亦負責向系統引入新的代幣，亦即那些作為工作獎勵所發行的代幣。

如果出現假的資料被記錄到區塊內，區塊鏈的正確性就有可能被破壞。區塊鏈是個沒有管理者、沒有領導人、也沒有中央統籌和擁有機構（去中心化）的分布式系統，那麼是經什麼方法去確保每個參與者都是誠實運作的呢？

為了達到這個目標，因此出現一個名為工作證明 (Proof-of-Work) 的系統，這系統讓任何人都可以提出要附加到網絡上的區塊。但用戶如果要提出一個新的區塊，用戶必須花費計算能力去猜出一個由基礎協議所產生的解答。原理是重複地雜湊資料來產生一個低於特定值的數字，

這個過程就是一般人所説的挖礦。如果礦工（用戶）正確地猜到解答，那麼他們提出來要建立的新區塊便將會添加到區塊鏈上。礦工亦會收到由該區塊鏈原生代幣計算出來的獎勵。

驗證的過程比較簡單，因為單向雜湊函數是指給定輸出，但這基本上是不可能猜到輸入。相反地當給定輸入時，要驗證輸出卻十分容易。所以任何參與的用戶都可以驗證其他礦工是否產出「正確」的區塊，同時否決那些無效的區塊。產出無效區塊的話，礦工是不會獲得獎勵的，而且會浪費掉用來製造無效區塊的資源。

順帶一提，在加密貨幣的區塊鏈系統中，公私鑰密碼學確保了任何用戶都無法使用不屬於自己的資金。加密貨幣與私鑰（只被擁有者知道）綁定，只有有效的簽名（擁有者的私鑰）才能確保這些加密貨幣資金被合法轉移和被花費。

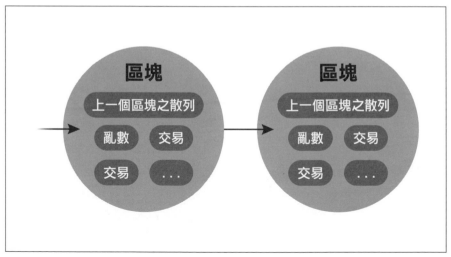

▲挖礦 (Mining) 是密集的計算活動。

3.4

區塊鏈的主要特色

去中心化

區塊鏈的運作模式並不牽涉第三方機構，而是由工作者（礦工）共同參與維護資料庫，即使一個工作者出現問題，也不會影響區塊鏈的運作。而現實世界的銀行，就是一個中心化性質的第三方機構。

不可篡改性

意思就是區塊鏈上的資料不能被隨意更改，這是因為區塊鏈的運作技術，會將經過驗證後的資料放進區塊內，形成一條線性鏈，加密憑證令區塊鏈上的數據變得難以修改。因為單獨改變一個區塊，會使後面所有區塊內容都變成無效。

匿名性

區塊鏈的資料主要是使用英文加數字作為代碼呈現，令交易紀錄變成一串英文數字亂碼，這樣的設計更能保護使用者的私隱。

3.5

虛擬貨幣是什麼？

　　貨幣一詞又稱為金錢（簡稱「錢」），定義是為了提高交易效率而用於交換的中介商品。古代有使用貝殼、糧食，發展至金幣、銀幣和現代的紙幣、錢幣等等。作為貨幣最重要的特點是得到大眾的信用和接受，就如紙幣如果不是得到大眾的信用（收到之後可以使用購買商品和服務），那麼就會變成廢紙一張。

　　而存在於電子遊戲或互聯網世界的貨幣就會稱為虛擬貨幣 (virtual currency)，是指沒有實體而只以虛擬形式存在的貨幣。早期的例子有任天堂遊戲的「天幣」（Adena，中譯金幣）、騰訊公司的「Q 幣」。虛擬貨幣通常用於購買網絡上的虛擬服務、虛擬道具、繳費等等。**現在「虛擬貨幣」一詞通常都是指「加密貨幣」**(Cryptocurrency)。

▶ 2022 年 4 月時最受歡迎的加密貨幣排行。

Rank	Currency	Market Cap.	Circulating Supply	Price	Volume (24h)	Change (24h)	Price
1	Bitcoin	884,676,297,688	18,999,043	$46,508.00	$26,420,405,835	-1.02 %	
2	Ethereum	404,393,093,263	120,187,791	$3,358.78	$15,066,654,279	0.00 %	
3	Tether	81,929,144,108	81,933,743,051	$1.00	$68,505,337,219	0.02 %	
4	BNB	73,220,613,043	168,137,036	$435.51	$1,732,859,490	0.14 %	
5	USD Coin	51,955,504,050	51,636,373,527	$1.01	$4,201,947,798	-0.33 %	
6	Solana	41,446,066,665	325,255,073	$127.13	$3,720,786,675	5.91 %	
7	XRP	39,818,863,625	48,121,609,012	$0.83	$2,692,387,978	-3.31 %	
8	Cardano	37,852,534,755	32,066,390,668	$1.18	$1,473,742,178	0.68 %	
9	Terra	37,553,077,834	354,714,643	$105.69	$2,324,962,989	0.70 %	
10	Avalanche	26,477,793,536	267,294,819	$98.84	$2,266,236,701	7.86 %	
11	Polkadot	24,108,655,160	1,098,326,712	$21.91	$1,038,374,656	-0.16 %	
12	Dogecoin	18,812,932,373	132,670,764,300	$0.14	$1,548,199,134	0.24 %	
13	Binance USD	17,453,471,636	17,469,156,103	$1.00	$5,975,750,295	-0.16 %	

正在等線 c.amazon-adsystem.com...

3.6
區塊鏈與加密貨幣

人們講起加密貨幣 (Cryptocurrency) 的時候差不多會同時提到區塊鏈，兩者的關係是，**區塊鏈是加密貨幣的交易和生成的網絡和平台。** 舉以太幣 (Ether) 作為例子，它的運作便是建基於以太坊 (ethereum) 區塊鏈。在加密貨幣的應用上，區塊鏈對已確認的交易進行永久記錄。當然，區塊鏈技術也可以應用在其他未必和財務操作有關的活動中。

　　區塊鏈技術的特點包括，它解決了「一幣雙花」雙重支付問題 (double-spending problem，**也就是指同一筆數碼貨幣被使用超過一次**)。而且區塊鏈技術能在沒有可信任的中央機構（或伺服器）的情況下，讓數碼貨幣仍然發揮完整功能。因為區塊鏈網絡，是可以由世界上任何地方的電腦組成，所以區塊鏈和加密貨幣的運作，可以在完全沒有中央設備的平台上運行。加密貨幣的去中心化以及偽匿名性（因為使用加密貨幣錢包毋須狀態識別等驗證），使區塊鏈技術和加密貨幣用作儲存財富和支付工具方面越來越流行，但同時亦因此而備受爭議。區塊鏈的其他好處，包括全年無休的運作、快速、安全、操作簡易等。

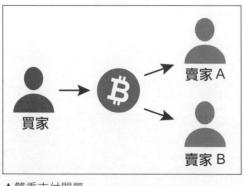

▲雙重支付問題。

3.7

加密貨幣與比特幣

加密貨幣是一種數碼形式的貨幣，作為分散式網絡中用戶進行資金交換的媒介。加密貨幣的交易是可通過區塊鏈（公共數碼帳本）來進行追蹤。這些交易可在用戶雙方直接以點對點形式 (P2P) 進行而不需要任何中介平台。比特幣 (Bitcoin) 是加密貨幣的始祖，在 2009 年因知名的金融風暴而誕生。

中本聰 (Satoshi Nakamoto) 在 2008 年於《比特幣白皮書》中發表「區塊鏈」概念，一種被他稱為「比特幣」的電子貨幣及其演算法。隨即在 2009 年創立比特幣網絡，及開發出第一個區塊亦即「創世區塊」。中本聰的真實身份一直是個謎，可能是開發者或開發團體所用的一個化名。

作為首個加密貨幣的比特幣，透過比特幣區塊鏈運作並作為比特幣交易的公共帳本，正式啟動了比特幣金融系統。創造比特幣的主要理念是為了建構一個基於數碼證明和加密學的獨立而且去中心化的電子支付系統。和大多數加密貨幣一樣，比特幣的供應量是有限的，當達到最大供應量之後系統就不會再生成新的代幣。**比特幣不經任何中央發行機構，而是在加密學演算法的限制下，最多只能出產 2,100 萬枚。**因此比特幣解決了因為中央銀行「印鈔票」、濫發貨幣而導致貨幣價值崩跌的問題。

3.8
分散式和去中心化

分散式和去中心化（decentralization）這兩個概念指的是加密貨幣帳本的結構方式和維護方式。例如自動櫃員機 ATM 交易的銀行記錄，只有一個組織（銀行）在控制着帳本。這種傳統的帳本記錄方式是中心化的，亦即是由單一實體維護，且通常也只依賴於單個資料庫。

區塊鏈的設計則完全不同，因為通常都是作為分散式系統來構建，起到的作用也就是去中心化帳本。每一個參與區塊鏈網絡維護的使用者，都會持有一份區塊鏈資料的副本。這副本會與其他用戶的副本同步，所有的最新交易資料也將更新到所有用戶的副本當中。因此，區塊鏈環境不存在單一的帳本副本（分散式），且不受單一個主體控制（去中心化）。

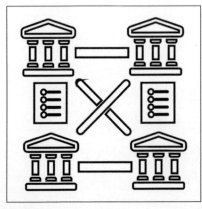

▲分散式帳本（資料庫）。

比特幣用密碼學技術大幅地強化安全性，同時消除實體貨幣體系的「中間人」。這是指排除銀行、信用卡公司，甚至政府，一次過排除伴隨金錢中介者的安全疑慮與效率耗損。這也稱為「去中心化」，亦即去掉所有中介者的意思。

3.9
加密貨幣更易追查資金流向

加密貨幣雖然具有高度匿名性，但另一項特點「透明性」反而令資金流向無所遁形。加密貨幣運作的重點是每一筆交易都會記載在區塊內，形成一條鏈性結構記錄，也就是區塊鏈。這樣的「直線特性」於是變成最直接的追本溯源工具。

因為加密貨幣表面上看來是具有匿名性，但實際上只是具有「偽匿名性」(pseudo-anonymity)，亦即透過層層解碼及逐筆溯源，是可以找到每次交易的實際使用者所在的位置。

每一個加密貨幣由發行日開始的所有交易，都能在其區塊鏈的記錄裡直接追查。因為這個加密貨幣的所有交易、每一次轉手的資料，都有不能篡改的特性記錄在區塊上。想像一下大家每個月發薪之後，每一分每一毫花在哪裡全都有記錄可尋。由政府發行的加密貨幣，政府便會掌握全部資料，包括每一個國民曾經收到的貨幣數量，而這些貨幣又花到哪裡去。

3.10
區塊鏈的應用例子

數碼身份

在現今的數碼時代，像現實世界一樣需要有個人或企業 / 機構的數碼身份解決方案。現實的物理身份證明每每被不法份子偽造，存在安全性的疑慮。應用區塊鏈帳本系統可以將身份和擁有者綁定，區塊鏈的不可修改性令安全問題獲得解決。在元宇宙的數碼世界內，每個人都可建立自己的虛擬化身，並擁有一個高度安全的身份證明。

加密貨幣

數碼化區塊鏈貨幣系統是財富轉移的非常有效的媒介，區塊鏈的分散性確保系統不會有故障、也不需要守衛與中間人。去除了現實世界裡銀行作為交易的中間人，利用數碼加密貨幣用戶便可以在短時間內及低廉的費用下，和全世界的其他用戶發送或接收資金。加密貨幣無法被沒收，已完成的交易也無法被回溯或凍結。

而透過使用智能合約，用戶更可以進行條件支付，亦即在符合所有列出的條件的情況下，才會進行資金支出轉移的交易。就像現實世界的商品交易，買賣雙方訂立一份智能合約，當貨物送達賣方得到證明後，貨款便會轉移到賣家帳戶內。

區塊鏈遊戲

現實世界的電子遊戲，玩家會受到遊戲的開發商和發行商，以及掌管伺服器的公司所擺佈。終端遊戲玩家並沒有實際的所有權，玩家在遊戲內獲得的資產也只是一些數字而已，玩家隨時可以被中心化的發行商沒收或修改這些數碼資產。應用區塊鏈系統的電子遊戲，去除了中心化的發行商，區塊鏈的不可修改性讓玩家真正擁有已獲得的數碼資產（以同質化或非同質化代幣的形式記錄），而且可以讓玩家在遊戲的元宇宙內或現實市場上進行交換或買賣。

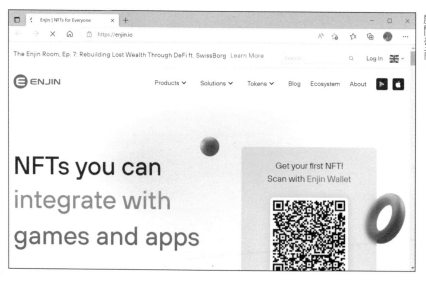

◀ The Enjin platform 是其中一家著名的區塊鏈遊戲開發商。

非同質化代幣 NFT

以電子遊戲作為例子，一些遊戲道具或資產是獨一無二的，此時區塊鏈系統衍生出的非同質化代幣 (NFT) 便大派用場。其他 NFT 的應用例子還包括藝術品、收藏品、影片和音樂、物流等等。

3.11
區塊鏈的發展歷程

區塊鏈 1.0

　　早期區塊鏈技術主要集中在數碼「加密貨幣」的應用，區塊鏈開創出一種新型式的記帳方式，亦即分散式帳本系統。由全世界的礦工們共同進行維護這個資料庫的工作，沒有第三方機構的審查及批核，便能夠完成所有交易過程，形成一個「去中心化」的數碼交易記帳系統。

區塊鏈 2.0

　　這階段的重點是發展「智慧合約」，是從以太坊發展出的一套底層技術，亦即使用程式來編寫智能合約，應用區塊鏈技術的智能合約，具有自動執行和不會被竄改等特性，可以應用的層面相當廣泛，如紀錄影音產品的版權交易、食品產業可應用在食品生產過程以便進行追溯等。區塊鏈智慧合約引進了 NFT 與 Defi 兩大類熱門投資產品。

區塊鏈 3.0

　　主要是發展更為複雜的智慧合約功能「IOAT」，亦即區塊鏈技術和物聯網技術的配合應用。這項技術能把區塊鏈的應用擴展到更多不同方面的領域，包括醫療、科學或政府等。

▲智能合約具有自動執行和不會被竄改等特性。

　　加密貨幣比特幣這樣的第一代區塊鏈帶來了共享交易資料庫，第二代區塊鏈（例如以太坊）帶來了智能合約。智能合約可在區塊鏈上管理代幣（資產）有條件的轉移。有了智能合約，用戶可以審計軟件來驗證資料的正確性，對開發者來說則可設計出不會被修改或終止的合約。

3.12
認識以太坊與以太幣

在認識元宇宙資產投資機遇之前，我們先對元宇宙資產基礎作更深入的了解。以太坊 (Ethereum) 屬於一種去中心化的開源區塊鏈系統，擁有自己的加密貨幣「以太幣」(Ether)。以太坊亦是許多其他加密貨幣的運作和執行去中心化智能合約的平台。

以太坊的概念是在 2013 年出現，並在 2014 年透過網絡公開招募資金，於 2015 年 7 月 30 日正式啟動了這個區塊鏈。以太坊的目標是期望成為一個去中心化應用程式的全球平台，提供給世界各地用戶一個編寫和運行軟件的環境，而且免受審查、停機和詐騙的影響。

如上所述，**以太坊是執行區塊鏈的智能合約平台概念的先驅。**區塊鏈智能合約是一種電腦程式，有能力在網絡上自動執行必要的動作，以符合多方之間的協定。其目的是讓立約人之間減少甚至免去對可信任中介人的需求，從而達到降低交易成本並提升交易信用度。

區塊鏈智能合約也是以太坊最主要的創新，其設計進一步強化原有的智能合約技術的優點。藉由在分散全球的公共節點網絡上運作，區塊鏈避免了受中央化的審查，也更不容易受詐騙影響。

　　以太坊區塊鏈也可以透過它的 ERC-20 相容標準，託管其他稱為「代幣」的加密貨幣。託管功能也是目前以太坊最常見的用途，據統計，現在已經有超過 28 萬種和 ERC-20 標準相容的代幣發行，其中的 40 多種代幣佔據加密貨幣市值的百大排行，例子有美元穩定幣 (USDT)、LINK 與幣安幣 (BNB) 等等。

　　以太幣和之前的比特幣兩個經濟體系最主要的差別，是前者沒有通貨緊縮的問題，也就是總流通量並無上限。以太坊的目的是不希望為其網絡設定「固定的維安預算」。以太坊透過共識來調整以太幣的發行率，會盡可能限縮貨幣的發行量以維持適當安全性。

　　而 ERC-20 (Ethereum request for comment) 代幣標準是一項在 2015 年發明、讓所有智慧合約在以太坊上運作代幣的一種技術標準。以太幣和比特幣的用法完全不同，因為以太坊區塊鏈是基於代幣的用途而設計出來，這些用途也就是購買、賣出或交易。**在以太坊網絡中，代幣可以代表各種不同的數碼資產，例如憑證、債務，甚至可以是實體世界中的有形物質。**

▲以太坊 (Ethereum) 官網。
（網址：https://ethereum.org/zh-tw/）

3.13

Polygon 與 MATIC 幣

　　原本稱為 Matic Network 的 Polygon(網址：https://polygon.technology/) 於 2017 年 10 月推出，是一個結構完善、易於使用，可擴展以太坊規模與基礎設施開發的平台。使用 Polygon 可以建置 optimistic rollup 鏈、ZK rollup 鏈、獨立鏈或其他基礎設施。Polygon 將以太坊轉換為成熟的多鏈系統（又稱為「鏈際網絡」）。Polygon 是一種 Layer 2 擴張解決方案，結合 Plasma 框架與權益證明區塊鏈架構，這個技術組合讓可規模化、自主的智慧合約可以輕易執行。Polygon 在每個單一側鏈上，每秒可執行 65,000 次交易，區塊確認時間不到 2 秒，達到其設計重點即降低規模化與即時區塊鏈交易的複雜度以減低成本。Polygon 框架同時亦支援多種以太坊生態系中的去中心化金融 (DeFi) 協定，讓全球可用的去中心化金融應用，可在單一基礎區塊鏈上建置。

　　Polygon 的原生代幣是 MATIC，一種執行於以太坊區塊鏈上的 ERC-20 代幣。MATIC 代幣可用作支付 Polygon 上的服務費用，也是用戶在 Polygon 上運作、交易所需的貨幣。在 Polygon 側鏈上的交易手續費，同樣是透過 MATIC 支付。MATIC 代幣以每月一次的方式釋出，最大供給量為 10,000,000,000 枚。根據釋出時程表，所有 MATIC 代幣將會在 2022 年 12 月全部釋出。

3.14

DeFi 去中心化金融

　　去中心化金融 (Decentralized Finance, DeFi) 是建立於區塊鏈智慧型合約的一種概念、架構和金融應用，因為不再依賴不必要的中心化證券商、交易所或銀行等金融機構提供金融工具，改為應用分散式網絡區塊鏈上的智慧型合約（例如以太坊）進行金融活動。**在 DeFi 平台用家可以向他人借出或借入資金，交易加密貨幣，在類似儲蓄的帳戶中獲取利息。**

　　Decentralized（去中心化）是相對於 Centralized（中心化）的概念。就是沒有管理員，每個使用者都是平等的、擁有相同的權限，如果有其中一個用戶想要改變區塊鏈上的內容，需要經過所有用戶同意才可以進行。由於所有權分散而且不屬於任何人，所以區塊鏈的內容不易被竄改。Finance（金融）指以區塊鏈為基礎的金融應用，包含支付、借貸、交易、投資與投機等服務。

　　目前大部份 DeFi 應用都是運用以太坊智慧型合約技術作為平台發展。優點包括無需信任基礎、無需機構許可、資產控制權掌握在用戶自己手中，保持分類帳本的透明性和不可篡改性等等。在區塊鏈上，透過隨機產生的「私鑰」就是帳戶，不同的私鑰就代表不同的帳戶。透過用私鑰簽名的交易，就代表這個帳戶同意這筆交易。所以區塊鏈上沒有身份認證這回事，任何人只要擁有一把私鑰，就可以調用這把

私鑰對應的資產，避免了身份認證的繁瑣過程，也達成了所謂的平等。也不會像現實世界因為個人資產的多寡、職業身份及年齡限制，給予用戶不同的身份或 VIP 等級。

DeFi 借（借出）貸（借入）的運作原理是，借款方將虛擬貨幣存入無人交易借貸系統，然後由借款方接收虛擬貨幣。舉個想要貸款的例子，貸款人將自己的加密貨幣資產作為抵押品，便可以獲得貸款，運作是創建一個「智慧型合約」，從其他在區塊鏈上提供資金的用戶那裡找到要借入的資金。交易在區塊鏈上憑「智慧型合約」自動結算，因為「智慧型合約」原理就是條件符合的時候就會自動執行，當借貸雙方條件符合便自動執行借貸資金轉移的動作。當借貸合約到期，「智慧型合約」便自動執行還款動作，因此取代了中心化的中介管理執行人。

簡單來說，DeFi 是以低成本直接連接用戶的機制。但由於身份驗證不嚴謹，容易成為販毒集團等不法份子洗黑錢的工具。DeFi 的發展尚未成熟，使用上較麻煩及繁瑣，也伴隨着它自身的風險（例如私鑰被盜也就是資產被盜），參與者應仔細衡量才決定是否參與。

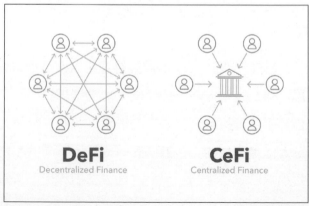

▲去中心化金融 (DeFi) 和中心化金融 (CeFi) 的分別。

Part 4

元宇宙加密資產基礎：NFT

　　雖然現在元宇宙的發展階段只是處於非常早期的狀態，基本上可以籠統地把「元宇宙」理解為一個平行於現實世界的虛擬世界，現實世界中我們可以做的事，在元宇宙的環境中也可以實現，包括上班工作、上學進修、社交酬酢、欣賞藝術表演等等。當然，世事無絕對，和真實人體生理有關的事情在元宇宙裡大概無法實現，例如吃飯睡覺、生病求診和一些特別的運動（例如飄浮在空中的滑翔飛行）這些。亦有意見把「元宇宙」一詞用來描述下一代網絡應用的型態，而且重點是用戶不一定須要戴上 VR 設備。

　　以一般的應用來説，在元宇宙的虛擬世界之中，用戶需要先替自己建立一個身份，才可以進行上述的社交、娛樂、消費以及生產等等活動。而透過使用區塊鏈技術，用戶便可以確認各種數碼資產的擁有權，以在虛擬世界內也能具備經濟意義，令參加的用戶們在元宇宙中可以進行類似現實生活的交易，例如交換或買賣土地、寵物、收藏品等。**這種應用區塊鏈技術來確認數碼資產擁有權的方法，一方面就是用在金錢方面的虛擬加密貨幣，另一項應用在物品上的就是「非同質化代幣」**(Non-Fungible Token, NFT)。

4.1
NFT 非同質化代幣

　　NFT 是「非同質化代幣」(Non-Fungible Token) 的簡稱，簡單來說，NFT 跟大家熟悉的比特幣這類加密貨幣，概念上是相反的。「同質化」(fungible) 與「非同質化」(non-fungible) 的分別在哪裡呢？

　　同質化是指擁有相同的外在價值，用戶可以進行互換，我們日常生活在市面上流通的貨幣便是最常見的同質化資產。同質化代幣 (Token) 即為我們常見的加密貨幣如比特幣、以太幣等，只要幣值相同，對持有人而言，這一枚貨幣與另外一枚沒有分別。

　　而非同質化則指是獨一無二的、不能互相交換的資產。非同質性代幣 (NFT) 本質上是加密貨幣的一種，但是每一枚 NFT 都包含了獨特唯一的識別信息及資訊，記錄在區塊鏈上。

　　NFT 是根據以太坊 ERC721 標準所發出的代幣，特性包括不可分割、不可替代和獨一無二等。NFT 能用於驗證所有權與真偽，可以作為完全虛擬化資產的代表，或用作將現實資產代幣化的形式。所以它的特色是所產生的每一枚 NFT，都有一個唯一的獨特的代幣 ID，是無法被交換或替代的。

以加密貨幣比特幣為例子，每一枚都是一模一樣、價值相同，用戶進行交易時它也可以被分拆，用戶可選擇不購買完整一顆比特幣。NFT則恰恰相反，每一個NFT都是獨一無二的、不可相互替代的，而且交易時不可以被分拆。

以紙幣這個例子來說，每一張100元紙幣的價值都相同，紙幣之間可以替代使用、找零錢。但如果銀行發行限量紀念版100元紙幣，則每一張鈔票都有獨一無二的編號。所以雖然一樣是100元紙幣，但因為鈔票上面的限量編號和獨特設計而突顯出它的稀有性和價值。所以每張紀念版紙鈔都是獨一無二的、無法被互相替代的，這也就是NFT的概念。

在網絡上的虛擬世界中，證明虛擬資產的所有權並沒有一套理想的機制，或是這些機制的保護能力過於薄弱。這些原因引發NFT爆炸性成長，因為透過區塊鏈公開透明、不可竄改的特性，將數碼資產的所有權進行紀錄，透過代幣(Token)的方式進行交易。如此一來，無論是音樂作品、藝術創作或體育卡牌等，都可以有一個數碼版的所有權證明，可以用作核實所有權。

NFT包含了唯一的識別信息，將資訊記錄在區塊鏈上，例如創作者及創作日期等，就像是該資產的「身份證」。NFT資產背後可以代表歌曲、畫作、錄音、證書、衣服，等等無所不包。NFT令每件資產都擁有其獨立的標識，因此提高其市場價值。

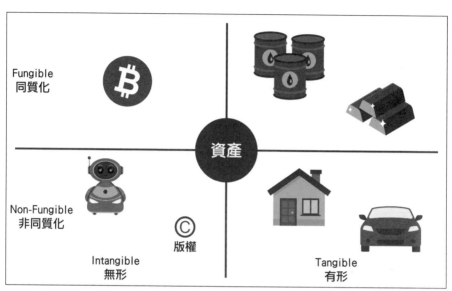

▲同質化與非同質化，有形與無形資產的分別。

4.2
非同質化代幣的特點

「非同質化代幣」(non-fungible tokens) 是應用區塊鏈技術 (blockchain technology) 的產物，所以名稱不是「非同質化資產」(non-fungible assets) 或「數碼非同質化資產」(digital non-fungible assets)。NFT 包含內置身份驗證，可作產品擁有權的證明，故 NFT 容許買家擁有原始物品。**NFT 將擁有權記錄在區塊鏈中，因此其他人難以篡改。NFT 的擁有者可以將產品放到市場上轉售。NFT 是數碼格式的產品，買家得到的是一個數碼檔案。**

「代幣」(Token) 代表 NFT 和加密貨幣一樣，是採用相同的區塊鏈編程技術，重點是它們都包含作為所有權證明的內置身份驗證，所以每個 NFT 都是獨一無二的。NFT 受以太坊區塊鏈技術的高度保護，產品的所有權不會被更改或複製。傳統以來，在互聯網上可以搜尋到各樣的藝術作品檔案，在無需原作者同意的情況下，任何人都可下載及使用這些檔案，其版權和使用權並沒有受到任何保障。即使用戶只是上傳一張他所拍攝的風景或人像照片，互聯網的其他用戶都可以下載及拿去用作別的用途，無需得到上傳用戶的同意。NFT 能確保每個數碼作品的所有權，令作品不會被任意下載和使用。

4.3
NFT 的發展歷程

2017 年 10 月

全球首個應用區塊鏈技術,建構在以太坊平台上的謎戀貓 (CryptoKitties) 的虛擬養貓遊戲誕生。透過區塊鏈及 NFT 技術,讓每隻貓都是獨一無二的。每隻謎戀貓 100% 歸用戶所有,無法被複製、拿走或銷毀。

▶謎戀貓網站。(網址:https://www.cryptokitties.co/)

2020 年 10 月

NBA Top Shot 推出一套透過動畫記錄明星球員生涯經典時刻的虛擬球員卡,結果引爆球迷搶購潮,同時令 NFT 更廣為人知。

▶ NBA Top Shot 網站。
(網址:https://blog.nbatopshot.com/)

2021 年 3 月

　　美國數碼藝術家 Beeple (Mike Winkelmann) 自 2007 年 5 月開始，每天創作一幅數碼作品，然後把合共 5,000 幅創作品集合成為數碼藝術品《Everydays － The First 5,000 Days》，這個以 NFT 形式拍賣的集錦作品，最終在藝術拍賣行佳士得以 6,900 萬美元高價售出，並且創下了 NFT 藝術品的歷史高價。

▲數碼藝術品
《Everydays － The First 5,000 Days》。

4.4

NFT 爆紅原因為何？

　　NFT 是一種在區塊鏈上記錄數碼物品所有權狀態的加密資產，應用區塊鏈技術產生的獨有標記，便可以用作認證虛擬資產物主的擁有權。以圖片為例，任何網民都可以從互聯網下載電子圖片並且任意作為己用。有了區塊鏈加密技術，當網民買賣電子圖片時，便可以以 NFT 作為憑證，證明自己是物品的主人。NFT 的形式不限，包括靜態圖片、遊戲道具、數碼藝術品，也可以是動態的影片等等。

　　2017 年區塊鏈遊戲「謎戀貓」(CryptoKitties) 雖然是一個 NFT 的應用項目，但當時只受小部份人士的關注，還沒有在新聞上引發話題。經過多年的發展，區塊鏈、加密貨幣等熱潮，NFT 才再度引起網民的關注。

▲ 「謎戀貓」(CryptoKitties) NFT 產品目錄。

NFT 爆紅的原因主要有兩個，第一是有新聞熱點、有話題性，例如數碼藝術家 Beeple 的作品以 6,900 萬美元賣出，人們認識到靜態 JPG 或動畫 GIF 圖片、影片、樂曲、留言等，原來都有收藏價值和增值空間，動輒以幾十萬甚至百萬美元的價格賣出，於是便引起大眾的關注。

第二個原因是大型公司和機構開始採用 NFT 技術，有的提出相關應用讓 NFT 技術有機會走入一般市民的生活當中。當傳統的藝術品拍賣所佳士得 (Christie's) 加入拍賣 NFT 作品「每天：最初的 5,000 天」(Everydays: The First 5,000 Days)，顯示 NFT 風潮已慢慢影響各大主流領域。隨着更多大機構的加入，令人相信 NFT 的真正爆發期還沒到來。

4.5

發行 NFT 的四大好處

如何證明實體資產或虛擬資產的所有權，或者會是很多人心裡的疑問，NFT 背後的幾大優點解釋了應用這項技術的好處：

容易追蹤

因為資產所有權的資料記錄在區塊鏈上，其透明度讓任何人都可以查詢 NFT 的出處、發行數量、轉手紀錄、是否經過第三方單位驗證等等資訊。

防範偽造

在網絡時代，影像、音樂、視頻的創作都容易複製，因此並沒有原版、真品的概念。複製太便利令這些藝術創作缺少了稀有價值，同時亦受到盜版和侵權的威脅。NFT 的獨一無二性質就像是一個「數碼鋼印」，消費者可以確保自己在網絡上購買的虛擬產品是正版，因此 NFT 可以維護數碼產品的稀缺性與收藏價值。

流通性高

用戶所購買的一首數碼歌曲的 NFT，之後是不會因為歌曲發行公司

的倒閉等原因，而無法繼續使用該音樂作品。NFT 可以在任何拍賣所中進行交易，購買者除了能真正擁有合法使用權，在日後想脫手放售也十分容易。

資產虛實整合

更加廣泛的應用來説，NFT 可以作為現實與虛擬世界之間的橋樑。除了虛擬世界的資產外，現實世界的資產也可以應用 NFT 的技術，把產品的相關資料，如 serial number、批次等獨特的資料，記錄在 NFT 區塊鏈上，最後產品和 NFT 一併出售，作為產品所有權的數碼證明。

4.6

NFT 資產應用：GameFi 區塊鏈遊戲 Play to Earn

　　除了自製 NFT 產品或收藏交易網上的 NFT 產品，實際運用在元宇宙概念的 NFT 例子，可以用「邊玩邊賺錢」(Play to Earn, P2E) 的 GameFi 遊戲說明。

　　GameFi 是 Game Finance（遊戲化金融）的簡稱，意思是指將去中心化金融 DeFi 的產品，以遊戲的方式呈現，也就是將 DeFi 規則遊戲化，並將遊戲道具 NFT 化。簡單而言即是以「邊玩邊賺錢」(Play to Earn, P2E) 為核心概念的一種商業模式。

　　2021 年便出現一款因為「邊玩邊賺」而在全球爆紅的遊戲「Axie Infinity」，可以將這個遊戲想像成寶可夢 (Pokemon) NFT 化，遊戲的玩家需要購買能組隊打鬥的 NFT 寵物 Axie，之後參與戰鬥，從而獲得遊戲獎勵代幣 SLP（可兌換成現金）。Axie 遊戲的 NFT 銷量按估算已達到 400 萬美元。

　　區塊鏈遊戲就如同元宇宙的一部份，如果和其他元宇宙的部份，例如主題樂園連接起來，玩家便可以使用同一個虛擬化身，穿梭於這些

元宇宙的不同領域，這也是元宇宙概念希望能達成的目標。

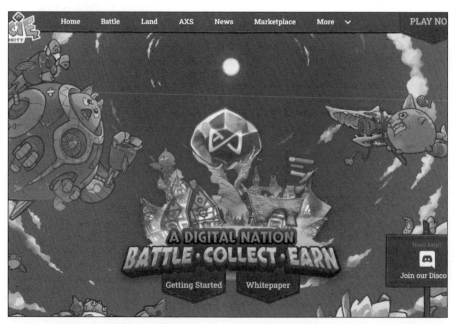

▲ Axie Infinity 遊戲官網。（網址：https://axieinfinity.com/）

4.7
從去中心化的區塊鏈遊戲窺探元宇宙潛力

如何證明實體資產或虛擬資產的所有權，或者會是很多人心裡的疑問，NFT 背後的幾大優點解釋了應用這項技術的好處：

1. 顛覆高度中心化的遊戲業

傳統的電子遊戲屬高度中心化，玩家參與遊戲和建立遊戲社群，純粹是消費者的角色，因為發行商擁有遊戲的絕對決策權，除了獲得絕大部分的盈利，同時擁有遊戲內虛擬資產的所有權。玩家在升 Level 後也不能選擇賣出舊款的道具，也有可能因為遊戲的改版而失去原本擁有的道具、過去所累積的經驗值等等。

一個本地的實例是電競選手「聰哥」blitzchung 在「爐石戰紀」的比賽中獲勝，賽後他戴上頭護目鏡與防毒過濾面罩接受訪問並喊出挺港口號，最終被遊戲公司美國暴雪 Blizzard 以「違反賽事規章」為由，沒收其在「爐石戰紀」中累積的獎金，並被禁止參加其他大師職業賽一年。

　　澳洲的區塊鏈卡牌遊戲「Gods Unchained」母公司 Immutable 抓緊這個宣傳機會，在 Twitter 上發文反對此決定，而且表示願意提供聰哥被沒收的獎金，及邀請他參加「Gods Unchained」遊戲世界賽，順道宣傳區塊鏈遊戲的優點，即使遊戲官方不同意玩家的價值觀，也沒有辦法拿走玩家的卡片。

▲爐石戰紀遊戲官網。
（網址：https://playhearthstone.com/zh-tw）

　　以另一個區塊鏈遊戲「Axie Infinity」為例，玩家所購買的每一個 Axie 寵物（應用 NFT 技術的產品）都是獨一無二的，完全屬於玩家。也就是說無論是該遊戲的發行商、開發者或遊戲的其他玩家，都沒有辦法在未經允許的情況下，取得這些 Axie 寵物的使用權和所有權。

2. 元宇宙與 NFT 相輔相成

　　區塊鏈與 NFT 這些技術，可以將現實世界中的各種資產，投射到元宇宙虛擬世界內，而且保持這些資產的經濟價值。除了可以確認數碼資產的所有權誰屬，也可以杜絕仿製品或是中心化機構的權力壟斷問題。

NFT 數碼資產技術有「不可替代、獨一無二、能夠溯源」的特性，令 NFT 成為元宇宙中的基礎設施技術，建立起元宇宙內的經濟秩序基礎。而元宇宙也將非常可能會成為 NFT 技術最具潛力的應用發展。兩者有着相輔相成的關係。

3. 元宇宙與 GameFi — 預見元宇宙的特色和潛力

GameFi 應用區塊鏈技術，令電子遊戲內的 NFT 數碼產品變成玩家的資產，保障了這些 NFT 數碼產品的所有權，不會無故失去、出現被盜竊等等情況。

沉浸感： 區塊鏈遊戲和其他區塊鏈應用一樣，能吸引人們感受元宇宙提供的「沉浸式體驗」，數碼技術營造的場景（使用 AR、VR 等器材）打造出接近現實的情境，期望能令玩家完全投入遊戲的元宇宙世界中。

開放性： 主要是用戶可以享受「低門檻」和可「隨時隨地」加入元宇宙內，令這種區塊鏈應用更加普及，最終達到世界各地的用戶都可以隨時隨地自由進出元宇宙內。

社交性： 由於開放性高令有興趣的用戶都可以自由進出元宇宙場景，因此來自不同地方的用戶也能聚首一堂進行社交互動。這個「社交性」的特點能提升元宇宙內與用戶之間的連結感。

擴展性：「Axie Infinity」遊戲玩家數目的擴張速度，大約是 3 個月內由 4 萬活躍玩家跳升到 100 萬，所以元宇宙必須要維持「持續性」並同時能滿足「多元化」的需求。加上活動場景（例如遊戲、工作場所、學校等等）可以由不同的開發者和發行商推出，因此元宇宙的擴展性充滿各種各樣的可能。

雖然現時元宇宙的發展仍只是處於非常早期的階段，兼顧了娛樂、日常生活和生產等場景，未來則可能會改變網民的線上社交方式。現時 GameFi 配搭 NFT 的應用模式，已經能讓人一睹元宇宙的可能面貌，以及隱藏在其背後的商業潛力。

4.8

NFT 獨一無二證書的吸引力

　　傳統上，網絡上的檔案，無論是圖片、音頻、視頻，都無法阻止被複製，例如一個 mp3 檔案，網民下載之後可以無限複製相同檔案再傳給其他人。NFT 的概念就是要解決證明誰擁有這個產品檔案的所有權這個老問題。因此如果藝術品背後有一個證書，證明是正版的創作，像鑽石手錶之類奢侈品附有「出世紙」來證明真品一樣，便有收藏價值。

　　以 NBA 官方推出的卡牌蒐藏 NBA Top Shot 為例，卡牌上球員灌籃的畫面在網絡上不難找到，但作為這些灌籃動作的擁有者便更有價值。NFT 吸引人之處是可以讓買家擁有少數甚至是獨一無二的東西。

　　NFT 就像是一個數碼原版證書，無論是甚麼形式的藝術創作，例如只鑄造成限量 10 個 NFT 產品，想擁有收藏其中一個，人們便可能會願意花較多的金錢去取得。隨時間流逝這些限量的正版藝術品檔案便有升值的潛力。

▲台灣詩人煮雪的人將 2012 年出版、現已絕版的詩集《小說詩集》(ISBN：9789868796508) 鑄造成 NFT 產品在 Opensea 市場出售。
（網址：https://opensea.io/collection/fiction-poetry）

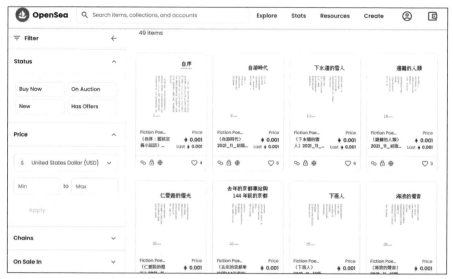

▲因為 NFT 產品不支持將純文字檔案或 pdf 檔案鑄造成 NFT，所以煮雪的人將每首詩第一頁的 png 圖片檔案鑄造成 NFT，買家解鎖 NFT 後餘下內容亦將以純文字呈現。每款 NFT 限量 20 枚，亦即等同共有 20 本詩集。

Part 5

NFT 數碼加密資產
投資機遇

虛擬貨幣技術發展出的「非同質化代幣」(non-fungible tokens, NFT)，帶動了數碼藝術品市場的應用。比較轟動的是佳士得拍賣行以高達 6,935 萬美元天價拍賣出一件 NFT 數碼藝術品，令 NFT 藝術品成為投資市場的焦點新貴。

在 2020 年爆發的新冠疫情 (Covid-19) 期間，各行各業機構相繼利用科技幫助業務。藝術界包括藝術工作者、交易商、拍賣商和收藏家，也都開始發掘新的藝術品銷售平台和機制，及以數碼化的方式來展示實物資產。

利用數碼科技創作或展示的數碼藝術作品，也可以使用 NFT 為基礎的數碼資產方式來進行買賣、儲存和交易。這樣的數碼資產除了是一種加密貨幣，也同時是一種可以保存價值的藝術或文化作品。

由於每個 NFT 產品都是獨一無二、無法複製，所以以 NFT 形式購入的數碼藝術品，便是原創者所加持的真品，而不是網絡上可隨意找到的複製品。就像限量發行的實體產品，NFT 的原創加持保障了產品的價值和升值潛力，成為一項 NFT 收藏品和紀念品。

如果想投資購買藝術或收藏類 NFT 產品，首先要留意每個項目都可能有專屬網站，或者是和不同的 NFT 交易平台市場合作，每個平台可能有其自家的加密貨幣。

NFT 的高額拍賣價令世人注目於 NFT 這個高潛力市場，藝術創作者亦開始思考如何透過 NFT 尋找機遇。

在香港，經典遊戲「小朋友齊打交」(Little Fighter) 創作者王國鴻 (Marti) 就是首個香港 NFT 創作者。他將遊戲中的角色創建成 300 張動畫圖的 NFT 產品，按資料已售出 4 分 1 圖像，獲得了 63 枚以太幣（約 200,000 美元）。

新加坡華裔創作歌手陳奐仁將單曲「Nobody Gets Me」製作成 NFT 產品，放在 NFT 平台拍賣並以 7 個以太幣（約 HK$132,000）成交，這亦是全球首個華語音樂 NFT 產品。

以下內容介紹一些本地及外國的 NFT 項目和產品，包括藝術品和收藏品等等。

5.1
港台的 NFT 項目

張敬軒：二十週年演唱會 NFT 慈善拍賣

香港男歌手張敬軒為慶祝入行二十週年的「Hins Live in Hong Kong The Next 20 張敬軒演唱會」，於 2021 年 10 月 19 至 25 日進行 NFT 慈善拍賣。

張敬軒登上離地 246 米（約 64 層樓高）避雷針，在大廈塔頂錄下入行二十年的神秘感言，鑄造成只有一枚的 NFT 及上載到 Solana（SOL）區塊鏈平台，這是本地首個結合紅館演唱會體驗的慈善 NFT 拍賣作品。這個「入行二十年絕密感言」NFT 起標價錢 HK$100,000 港元，經 9 次出價後以 HK$300,000 成交。

第二個項目「NFT 無聲拍賣」是四款全球各限量一個的 NFT，是張敬軒在塔頂拍攝的珍貴相片。這四個 NFT 起標價錢都是 HK$10,000 港元，最後以 HK$25,000 到 HK$60,000 成交。

▲拍賣網站展示的照片及起標中標價。

最後一個項目是限量 1,000 套的 NFT 收藏卡，每套 3 張，售價為 HK$599。

王家衛澤東電影聯乘 Sotheby's：
《花樣年華》首天拍攝片段 NFT

著名拍賣行蘇富比 (Sotheby's) 於 2021 年 10 月舉行的秋季拍賣會再次推出 NFT 藝術品拍賣，產品為與香港著名導演王家衛合作，一段 NFT 形式的《花樣年華》拍攝片段。這從未曝光的片段片長大約只有 1 分 32 秒，拍攝於 1999 年該電影拍攝的首天。這項 NFT 產品將是首項在國際拍賣行登場的亞洲電影 NFT。而這次的拍賣合作同時是紀念澤東電影公司三十周年的活動。

這個 NFT 產品名為《花樣年華 － 一剎那》，是記錄 1999 年 2 月 13 日《花樣年華》首天拍攝的絕密劇情的影片。這影片以非同質化代幣 (NFT) 形式拍賣，王家衛認為去中心化數字技術是嶄新的保存方式，相信「在區塊鏈的世界裡，歲月不老。願未來更多人去體會，去追尋，那靈光乍現的剎那」。

2021 年 10 月 9 日晚在香港蘇富比現代藝術晚拍，拍出港幣 4,284,000 元的成交價，超越預估價，但更令人驚訝的是蘇富比公布的完整版本，在這約 1 分 32 秒的影片中，梁朝偉的角色名叫「阿雄」而非周慕雲，和張曼玉飾演的蘇麗珍的關係，更加像是美人局的搭檔。

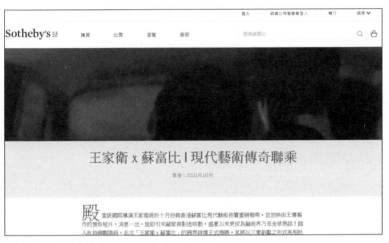

▲拍賣 NFT 形式的《花樣年華》拍攝片段。

《電影雙周刊》聯乘 BlueArk：梅艷芳 NFT

2021 年 11 月，乘着電影上畫的熱潮，NFT 平台 Blueark 和已經有 40 多年歷史的《電影雙周刊》雜誌（已於 2007 年 1 月暫時停刊）合作，將一代天后梅艷芳生前 1991 年接受訪問時，由黃志明所拍攝的訪問照片（2 張刊登於周刊及 2 張於訪問時拍攝但從未曝光）以及該雜誌第 313 期（1991 年 4 月 4 日 -17 日）的雜誌封面鑄成 NFT 公開拍賣，這 5 件 NFT 的收藏價值不遜其他的 NFT 藝術品（網址：https://brk.blueark. io/nftmarketplace）。Blueark 是一個構建 NFT 交易市場的平台，有其自家的加密貨幣 BRK。

晉峰足球會聯乘 OliveX：香港產的亞洲首個足球 NFT

OliveX 是一家數碼健康和健身公司，與香港超級聯賽的晉峰足球會合作，開發和推出亞洲首個足球 NFT 收藏品，球會借此可以建立新

的收入來源來支持未來發展。這個 NFT 項目同時與現實世界中的福利掛鉤，以突顯成為 NFT 收藏者的好處。

成功競拍晉峰足球會隊長林駿杰傳奇卡（拍賣卡）的用戶，將可以於一年內免費觀看球會的所有比賽。第二項是已收集整套晉峰足球 NFT 系列的收藏者，將有機會獲得一件帶有球員簽名的球衣，與球隊成員見面，甚至有機會與晉峰球隊一起訓練。

晉峰足球 NFT 競拍於 2021 年 10 月 12 至 13 日期間進行，其中晉峰足球會林駿杰傳奇卡成交價為 1.05 ETH，第一季球員盒子 NFT 亦已經售完，第二季球員盒子則有待發布。

▲晉峰足球 NFT 競拍。
（網址：https://hkfootballnft.com/）

▲第一季 NFT 產品已經售罄。

香港本地製作：Bunny Warriors

Bunny Warriors 是一款以兔子為主題的圖像 NFT 產品，使用的是 Solana 區塊鏈網絡，總數鑄造 6,666 個 NFT。Solana (SOL) 是買 Bunny WarriorsNFT 的交易貨幣。官方網站推薦使用 Phantom 錢包。2022 年 1 月 2 日推出的第一批 NFT，開售後僅花了 5 分鐘全數 6,666 個 NFT 即售罄，引起極大迴響。

Bunny Warriors NFT 的知名買家及持有人包括倪晨曦 Elva Ni、張曦雯 Kelly Cheung、邱士縉 Stanley (Mirror)、江若琳 Elanne、陳靜 Dada Chan、方力申 Alex Fong 及洪卓立 Ken Hung 等等。

Bunny Warriors NFT 有以下四點元素增加其產品吸引力：

1. 動物頭像是 NFT 產品的歷史潮流，比一般其他的 NFT 更受歡迎。早期帶起 NFT 區塊鏈遊戲的謎戀貓 (Cryptokitties)、以太坊元老級人物 (OG) CryptoPunks 兩者的共通點都是動物頭像作為設計基礎。

2. 兔子的可愛造型較容易打入女性市場。

3. 團隊宣傳、名人效應。在 2021 年的聖誕檔期，官方團隊已經開始在潮流熱點展示 Bunny Warriors 的 NFT 的廣告，令項目在香港短時間內已經廣泛傳播。

4. 定價沒有過份進取、資產流動性高。Bunny Warriors 首批兔子 NFT 產品的鑄造價格 (Mint Price) 是 0.88 枚 SOL 幣，約等於港幣 1,368 元（按

發售當天計算），這個初始發售定價尚算合理。隨後的交易量頻繁，幾乎每分鐘都有買賣進行，因此可見 NFT 的資產流動性十分高。

▲ Bunny Warriors NFT 網站。
（網址：https://www.bunnywarriors.io/home）

Mavo Studio 聯乘 Lootex：
著名香港漫畫《古惑仔》等復刻版

在 MAVO Studio 上架的著名香港漫畫系列復刻版 NFT 包括有《古惑仔》、《龍虎門》、《醉拳》、《如來神掌》及《中華英雄》等等。這些珍藏版 NFT 系列是彩色版高畫質 PDF 檔案，限量發行。在 NFT 上點擊「解鎖」，簽名後即可看到漫畫連結。也即是說，**這系列 NFT 並非直接將漫畫 PDF 放進代幣內，而是將漫畫 PDF 檔案的網絡連結放在代幣內，買家購買的 NFT 並沒有包含漫畫檔案。**

▲香港漫畫系列復刻版 NFT。
（網址：https://lootex.io/stores/mavo-studio）

▲已經售出多個系列的 NFT 產品。

周杰倫 PHANTACi 聯乘 Ezek：Phanta Bear

2021 年 10 月，台灣地區的著名作詞人方文山和亞洲藝術代理商索卡藝術 (Soka Art) 合作，推出方文山與周杰倫聯名限量版「龐克貓史汀」（青花瓷款）公仔，還附有 NFT 防偽認證。

2022 年元旦，由藝人周杰倫主理的潮牌 PHANTACi 與區塊鏈娛樂平台 Ezek，聯合推出了首個 NFT 商品「Phanta Bear」（幻想熊），全球發行一萬隻獨一無二的幻想熊 NFT。在開售約 40 分鐘後全數火速售罄，總共進帳 1,000 萬美元（約 7,796 萬港幣）。

Phanta Bear 為 PHANTACi 的品牌核心 IP，Phanta Bear NFT 則可同時兼作 Ezek Club 的會員卡，將來可以進入最新技術的 VR/XR 虛擬演唱會及相關的虛擬地產，並且可以享有其他線上線下權益。在 40 分鐘全數售罄後，該批 NFT 四小時後在二手市場的價格瞬間翻倍，可見 NFT 作為投資渠道的巨大潛力。

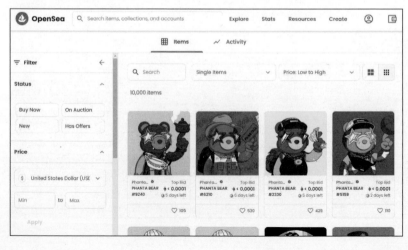

◀ 按照幻想熊網站（網址：https://ezek.io/）指示連結前往 Opensea 市場瀏覽正在放售的 NFT 產品。

5.2

外國著名 NFT 項目

無聊猿猴遊艇俱樂部

2021 年 8 月，Bored Ape Yacht Club（BAYC，無聊猿猴遊艇俱樂部）在 NFT 市場炙手可熱。這是一個描繪猿猴各種面部表情的 NFT 產品系列，總共包括 10,000 隻 Bored Apes（無聊猿猴）NFT。這個 Bored ApeNFT 系列以 600 ETH 以太幣（當時價值約 255 萬美元）的價格被售出，隨後有 100 多隻 Bored Ape NFTs 在蘇富比拍賣行進行拍賣，預計拍賣總額將可能高達 1,800 萬美元。

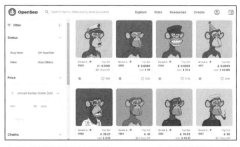

▲ 按照網站連結前往 Opensea 市場瀏覽正在放售的 NFT 產品。

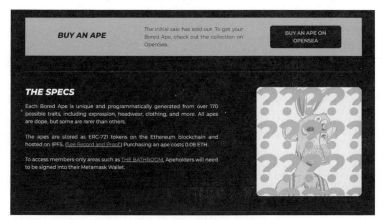

▲ BAYC 網站。（網址：https://boredapeyachtclub.com/）

Charlie Bit My Finger NFT

知名網絡影片「查理咬我手指」(Charlie Bit My Finger) 在 2021 年 5 月以 NFT 產品拍賣,最後以大約 76 萬美元成交。這部短片是在 2007 年,由 Davies-Carr 家族上傳到 Youtube 的家庭爆笑短片之一。影片記錄年幼哥哥哈利 (Harry) 抱着弟弟查理 (Charlie),在短短 55 秒的影片內,弟弟咬了哥哥手指兩次,令到哈利大叫「Ouch, Charlie!」和「Charlie bit my finger」。成功贏出拍賣者除了成為「查理咬我手指」影片的新主人,也將有機會和兩名主角創作新影片,而影片亦會從 Youtube 下架。主角的父親會用來供養兩名孩子的大學學費,同時也會捐出部分到關注碳中和的慈善機構。

▲知名網絡影片「查理咬我手指」。(網址:https://www.charliebitme.com/)

Andy Warhol: Machine Made

Andy Warhol 基金會與著名拍賣行佳士得在 2021 年 5 月合作,從

這位藝術家在 1985 年完成後一直收藏的作品選出 5 個作為 NFT，拍賣總成交價接近 388 萬美元。

　　早在 1985 年美國電腦公司 Commodore 推出 Amiga 1000，Andy Warhol 便用這部電腦安裝的 Propaint 軟件進行繪畫，之後這些作品只是以磁碟保存起來。2014 年 Andy Warhol 基金會修復出來並選出 5 個製成 NFT 產品交由佳士得進行拍賣，包括兩幅 Andy Warhol 的自畫像、他標誌性的「Campbell's Soup Cans」金寶湯罐頭、花朵和藍色背景的香蕉。這次拍賣的收益將會用於資助 Andy Warhol 博物館和 Andy Warhol 基金會對其他藝術家的資助。

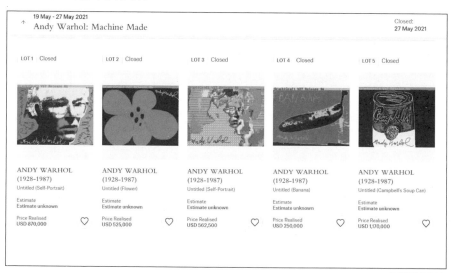

▲ Andy Warhol NFT 產品。

Taco Bell 的墨西哥夾餅畫作

　　美國快餐連鎖店 Taco Bell 在 2021 年 3 月推出 25 幅以墨西哥夾餅

為主題的 NFT 畫作，這批每幅底價 1 美元的畫作隨即於短短 30 分鐘內被搶購一空，其中一部份作品後來更以超過 3,000 美元的價格轉售。對於創作者來說，可以從產品之後的每次轉手，收取相當於其成交價的一個固定百分比作為收益。以 Taco Bell 墨西哥夾餅畫作為例，該公司可從未來之每次成交當中，獲得相當於成交價 0.01% 的金額作為收益。

▲墨西哥夾餅主題的 NFT 畫作。
（網址：https://rarible.com/tacobell）

▲仍然在放售的 NFT 產品。

爆紅自拍照的印尼 Ghozali Everyday

　　一名印尼男子 Ghozali 在 2022 年 1 月 10 日，將一批他在 18 到 22 歲 (2017-2021) 期間每天在電腦前的自拍照片，共 933 張上傳至全球最大的 NFT 交易平台「OpenSea」，及製作成 NFT 進行拍賣。原本打算用在學校的照片意外地爆紅，翌日便已售出 230 多個。這名男子回應稱：「並不清楚大家會購買這些 NFT。」後來亦在社交媒體上宣佈該系列 NFT 售罄，他也不會再上傳新自拍照片。這個系列的 NFT 得到當地名人加持並為 Ghozali 帶來額外的收入，而整個系列的總值已接近 100 萬美元。

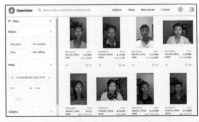

▲ 可在 Opensea 市場瀏覽 Ghozali Everyday 正在放售的 NFT 產品。

Gym Aesthetics & OliveX 聯乘 The Sandbox

2022 年 1 月，德國時尚運動服裝品 Gym Aesthetics 和數碼健身及 IT 產業公司 OliveX Holdings (NSX: OLX) 合作，於 The Sandbox 平台內推出 NFT 系列。Gym Aesthetics 是結合美學與功能的時尚運動服裝與裝備的品牌。

透過銷售 NFT 系列，用戶將可在 OliveX 於 The Sandbox 平台內的 12 x 12 虛擬土地上使用由 OliveX 負責設計及構造的 Gym Aesthetics 數碼產品。用戶亦可探索 OliveX 的虛擬土地及社交中心，這個社交中心同時也是一個銷售 Gym Aesthetics NFT 系列產品的市場。

NBA Top Shot

NBA Top Shot 專門將 NBA 比賽中球員的珍貴時刻製成 NFT 影像作品，是 NFT 版的「閃卡」。屬於 NFT 收藏品 (collectibles)，他們的收藏價值比一般藝術品高，所以大有機會隨着時間升值，成為投資或收藏的一項珍品。

Eminem：Shady Con NFT 系列

Eminem 這位美國 Rapper 歌手，於 2021 年 4 月在 Nifty Gateway 平台推出首個 NFT 收藏系列「Shady Con」，包括 TOOLS OF THE TRADE、STILL D.G.A.F、STANS' REVENGE 動態 NFT，前兩者限量 50 個，每個售價 USD5,000；後者僅限量發行一枚並以 USD100,000 完成競投。

VISA 投資 CryptoPunk NFT

VISA 以 50 ETH（約 16.5 萬美元）買入一幅 CryptoPunk NFT 畫作作為該公司的藝術收藏品。CryptoPunks 被視為一個 NFT 品牌，每個產品都是獨一無二的。VISA 的加密貨幣主管相信 NFT 的熱潮會持續，並預計 NFT 在未來幾年將出現大量新的用例。

百威啤酒投資 NFT 圖片用作 Twitter 賬戶頭像

啤酒生產商百威 (Budweiser) 投資的 NFT 藝術品，包括以 30 個以太幣購買一個名為 beer.eth 的以太坊域名 (ENS)。之後又以 8 個以太幣的代價購入一張 NFT 圖片，並設定為該公司 Twitter 賬戶的頭像。

NFT 產品失利經驗：全智賢 朱智勛《智異山》NFT

韓國女神全智賢夥拍朱智勛合演韓劇《智異山》(Jirisan / Mount Jiri)，播映期間遭劇迷勁彈劇情沉悶而收視下滑，致收視與口碑皆輸。當地製作公司在《智異山》播畢後，推出全智賢與朱智勛劇中角色造型的 NFT 產品，無奈最終分別只以約 HK$120 及約 HK$130 成交，創下當地 UPBIT NFT 平台史上最低拍賣價。

5.3

如何自己做出一個 NFT ？

　　大部分 NFT 買賣都需要用虛擬代幣作交易，**首先透過 NFT 買賣平台創建自己的電子錢包，然後將你希望變為 NFT 的圖片、音檔、gif 檔**等作品上載到平台，這時這些作品的內容便會以「非同質化」形式記錄到區塊鏈上，同一時間產生合約 (contract)，這樣你獨有的 NFT 資產就創建完成。

1. 首先當然是要準備和製作要出售的檔案，例如圖檔 (JPG、PNG、GIF)、音檔 (MP3)、3D 文件 (GLB) 等。

2. 選定一個替你發售 NFT 代幣的 NFT 交易平台，例如 OpenSea、Rarible、InfiNFT、Mintbase 等，連接自己的以太坊錢包到這些平台才可開始使用它們的服務，將檔案上傳到交易平台，然後設定 NFT 的數量、版稅比例等條件，接着就可以做成 NFT。

3. 最後，確定 NFT 代幣已經可以在交易平台發售。

　　當你擁有自製的 NFT 資產後，你可以自己收藏，或是放上 NFT 交

易平台售賣，可以自定價格或者公開拍賣，成交價格便要視乎市場反應而定。不過，須留意現時 NFT 交易平台普遍會收取 2.5% 至 15% 的交易服務費。NFT 能夠確保創作者從藝術品之後的每次轉手中，收取相當於其成交價的一個固定百分比作為收益。

現在可以鑄造成 NFT 的檔案格式包括：JPG, PNG, GIF, SVG, MP4, WEBM, MP3, WAV, OGG, GLB, GLTF，檔案大小必須小於 100Mb。

用 Photoshop（測試版）鑄造 NFT

Photoshop 已經可以使用「內容憑證」（測試版）鑄造 NFT。NFT 是作品的專屬數碼識別碼。將作品變成 NFT 需要將內容先經過「鑄造」。鑄造 NFT 過程會執行交易，然後在防竄改的公開帳本以太坊區塊鏈上，建立專屬於該作品的數碼識別碼。之後作品便可以供使用加密貨幣（例如以太幣或比特幣）進行買賣。每次交易 NFT 都會將與作品相關聯的交易詳細資訊新增至區塊鏈帳本內。

用戶針對所要連結的加密貨幣帳戶，啟動一次性的登入程序。在 PhotoShop 軟件內將內容轉存為 PNG 或 JPG 檔案，選取「附加至影像」便可以將內容憑證加入作品內。

▲用 Photoshop（測試版）鑄造 NFT 説明。

　　將您的內容上傳至任何一個支援內容憑證（測試版）的市集。完成鑄造後，你的 NFT 就會有內容憑證徽章。

線上製作 NFT

　　因應 NFT 的流行，互聯網上亦有線上 NFT 製作工具網站，通常提供試用，合適才決定是否付費購買服務。每個工具網站的功能可能有分別，一般都要用戶上傳想製成 NFT 的圖片，然後加入效果，之後便可以預覽及製作成品 NFT。對於要求不高的用戶來說，不失為簡單便捷的方法。

▶ NFT 製作工具網站 night café。
（網址：https://creator.nightcafe.studio/）

▲ NFT 製作工具網站 fotor。（網址：https://www.fotor.com/nft-creator/）

5.4
買賣 NFT 注意事項

1. 交易費用

鑄造 NFT 幾乎是沒有任何限制，每個人都可以嘗試。不過出售 NFT 的話，最好留意所牽涉的費用。例如，如果出售的 NFT 產品並不是在 OpenSea 上鑄造，而是透過自行定義 NFT 合同鑄造，則需要支付一次性的授權交易批准費。

首次以拍賣形式出售 NFT 產品還需要批准 WETH 交易。成功出售 NFT 的手續費不同平台也有分別，除佣金外也有「二次轉手費」，此外還有「Service fee」（服務費），「Creator Royalty」（作家版權費）等等。不同的交易所會要求的版稅亦各有差異。

2. 選擇存儲 NFT 的錢包

加密錢包所生成的地址是獨一無二的，就如同銀行帳戶。要在區塊鏈上存儲加密貨幣和處理交易，就必須要先有錢包的地址。所以用戶要先選擇及預備一個加密錢包。同時亦要留意想用作放售的平台是否支持使用所選定的錢包。

3. 加密貨幣價格波幅大

　　現時 NFT 普遍只接受使用加密貨幣進行買賣，**而加密貨幣的價格波幅可以很大，這會直接導致 NFT 資產價值上漲或虧損。**而且 NFT 資產的價值並沒有市場公認的標準，所以投資 NFT 產品牽涉很高的風險。隨着加密貨幣日漸普及，同是經加密技術處理的 NFT 產品認受性亦可能逐漸提高，NFT 的價值便大有機會出現正面的變化。

4. 流通性成疑

　　由於 NFT 性質上類似收藏品，同時用上區塊鏈等新興加密技術，對於大部份網民來說仍然是新興事物，對傳統投資者來說也是需要時間了解和適應，短期內可能仍然只是小眾參與的活動。整體的普及度與流通性初期或者會較低，買入賣出套現未必十分容易，應該仔細評估和考慮。隨着 NFT 話題越來越多，媒體報導亦開始增加，兼且本地的加密貨幣市場和 NFT 市場越來越多，普及性自然會隨時間增長。

小結

　　當創作者在元宇宙虛擬世界內打造好非同質化代幣 (NFT) 藝術品後，每件藝術品都會獲分配一個代碼。創作者可選擇自己想要的展場建築樣式，為自己打造虛擬的展場空間。收藏家也能將買來的 NFT 檔案放在這裏，創建屬於自己的虛擬收藏展覽館。創建這樣的數碼展館，可省去大面積展場的建造及裝潢的成本，還可以大量複製、或交叉進行 AI 創作新的、或不一樣的藝術品。

Part 6

虛擬貨幣交易所、錢包、NFT 市場

6.1

虛擬加密貨幣交易所

　　若要投資元宇宙非同質代幣 NFT，則要到 NFT 市場選購及交易。一般 NFT 市場都會用虛擬加密貨幣作交易媒介，因此投資者需要先到加密貨幣交易所兌換加密貨幣，然後選擇一個加密錢包存放這些加密貨幣。一些加密貨幣交易所同時提供錢包服務，雖然方便但用戶要留意是否能配合自己打算進行買賣的 NFT 市場。據統計，截至 2021 年，全球大約有五千多種加密貨幣在網絡上活躍流通，數量可謂相當驚人。

Binance 幣安（幣安幣 BNB）

　　幣安 (Binance) 於 2017 年成立，是全球交易量最大的加密貨幣交易平台之一，提供 150 多種加密貨幣的交易，每秒可處理 140 萬個訂單。幣安亦創立自家的加密貨幣幣安幣 (BNB)，是僅次於比特幣 (Bitcoin) 和以太幣 (Ether) 的第三大交易量加密貨幣。幣安幣同時有集中式及分散式技術，並非完全分散式的技術帶來一定風險。幣安亦有提供手機錢包 app Trust Wallet 和 NFT 交易市場。

▲幣安網站。
（網址：https://www.binance.com/zh-TW）

▲幣安有手機錢包 app 可儲存加密貨幣和 NFT 資產。
(網址：https://trustwallet.com/)

▲幣安亦有提供 NFT 交易市場。
(網 址：https://www.binance.com/zh-TW/nft/home)

Coinbase & Coinbase Wallet

　　已經在美國上市的 Coinbase，是美國交易量最大的加密貨幣交易所之一，其交易量只僅次於幣安 (Binance) 交易所，而且是第一間在美國上市的加密貨幣交易所。由於是上市公司，所以相對有信譽保證。Coinbase 的使用者介面較為簡單，使用起上來較為方便，頗為適合初學投資加密貨幣和 NFT 產品的入門級新手。Coinbase 缺點是手續費相對其他交易所較高，而可供交易的加密貨幣種類亦比幣安交易所為少。

　　Coinbase Wallet 是 Coinbase 帳戶內建的錢包。既然是上市公司，Coinbase 交易所推出的加密貨幣錢包 Coinbase Wallet 的安全性同樣有一定保證。除了將加密貨幣儲存在交易所之外，Coinbase Wallet 同時設有將加密貨幣直接儲存在用戶手機電話的 app，讓用戶可以儲存自己獨一無二的加密貨幣 Private Key，這亦是所謂離線的「冷錢包」(Cold Wallet)，以別於大多數時候連着網絡的「熱錢包」。Coinbase Wallet 支援 49 種加密貨幣，線上交易或線下存款同樣容易。

▲ Coinbase 網站。
（網址：https://www.coinbase.com/）

▲ Coinbase 同時提供手機錢包 app 可儲存
加密貨幣和 NFT 資產。

Kikitrade

　　Kikitrade 於 2020 年成立，是全港首個一站式社交型態加密貨幣交易平台，持有澳洲金融監管機構 AUSTRAC 的執照許可，也就是受澳洲監管機構 AUSTRAC 監管，是一個擁有澳洲政府頒發合規加密貨幣投資平台許可證的加密貨幣交易平台，獲得 Pre-A 輪融資 800 萬美金，因此有一定程度的信心保證。最初推出時已受到本港年輕投資者歡迎，短短 5 個月便已經吸引超過 10 萬人次下載其手機應用程式。

　　此外，Kikitrade 平台手機 app 兼備社交媒體 social media 討論區功

▲ Kikitrade 網站。
（網址：https://www.kikitrade.com/?lang=zh）

能，可以和其他用戶交流投資加密貨幣心得等等。Kikitrade 用戶可以港元或美元直接買入比特幣、以太幣等加密貨幣。透過 Kikitrade 的手機 app，用戶可快

捷買賣加密貨幣,除了支援直接提取港幣,還有手續費相對低廉的好處。用戶可直接在戶口提取港幣到自己的個人銀行賬戶,匯款手續費為 0.15%,如提取港元最低手續費為 HK$10,手續算簡單直接。

MAX (MAX Token)

MAX 是由 MaiCoin 團隊所創建、於 2018 年推出的台灣首家加密貨幣交易所,開發團隊其後創建對沖基金公司 MaiCapital,主要的投資項目包括區塊鏈科技、虛擬貨幣與替代性資產方案。MAX 用戶可用新台幣入金、出金,以交易比特幣 (BTC)、以太幣 (ETH)、泰達幣(USDT,又稱美元穩定幣)等加密貨幣。目前 MAX 支援的法幣(貨幣)僅限新台幣,可交易 19 種加密貨幣(其中 9 種與新台幣掛鉤)。MAX 交易所亦有推出自家的純功能性代幣 MAX Token。

▲ MaiCoin 網站。(網址:https://max.maicoin.com/)

6.2
加密錢包

MetaMask

MetaMask（小狐狸）在 2016 年推出，是用於與以太坊區塊鏈進行交易的軟件加密貨幣錢包。推出初期它只允許用戶通過瀏覽器 (Chrome/Firefox) 擴展程序使用，到 2020 年才推出手機 (iOS/Android) app 應用程式。截至 2021 年 11 月，每月瀏覽器擴展程序的用戶超過 21,000,000 人。MetaMask 是最早期且普及的開源軟件加密貨幣錢包，用戶可以擁有和自己掌控私鑰（就是加密貨幣世界的地址）。

MetaMask 有中文版介面、提供在錢包內新增代幣、換幣功能 (Swap)，對中文用戶提供了很大的便利。MetaMask 的基本用途包括儲存、收發帳款，用戶可以透過它「存入」與「發送」加密貨幣。例如將加密貨幣交易所錢包內的以太幣 (ETH) 轉到 MetaMask 錢包、或者將 MetaMask 錢包內的以太幣 ETH 轉發給朋友。此外，也可以用來查看已收藏的 NFT 產品。現時流行的 NFT 買賣平台都會要求使用者下載 MetaMask 錢包，而 MetaMask 手機 app 版目前也支援查看 NFT 產品的功能，用戶可以直接在手機上欣賞自己收藏的數碼收藏品。

▲ MetaMask 加密貨幣錢包。
（網址：https://metamask.io/）

Blockchain

　　Blockchain 在 2011 年成立，是全球最大的加密貨幣錢包之一。成立初期只支持「比特幣」的交易，提供有關比特幣的相關資訊，以比特幣錢包供應商的形式，幫助用戶進行比特幣交易賺取手續費。開立 Blockchain Wallet 戶口是免費的，轉賬及兌換時才會收取交易費用。隨着市場出現越來越多虛擬貨幣，Blockchain 也開始開發更多區塊鏈和資料類型，其後更加推出自家加密貨幣交易平台，以交易「速度」作為賣點，提供超過 20 種加密貨幣，和包含不同幣值的買賣交易選擇。

　　Blockchain 平台分為「虛擬錢包」和「虛擬交易」兩種註冊方式。虛擬錢包以交易單一虛擬貨幣為主，主打比特幣。虛擬交易以即時和快速的交易而聞名，平台提供各類型不同的虛擬貨幣資訊及交易狀況。

▲ Blockchain 是全球最大的加密貨幣錢包之一。（網址：https://www.blockchain.com/）

　　Blockchain 亦已推出其自家的 NFT 交易市場 Beta 測試版，不過實際上是和另一 NFT 交易市場 Opensea 合作，列出的 NFT 代幣都是會轉到 Opensea 網站繼續進行買賣，至於正式版是否維持相同安排可拭目以待。

▲ Blockchain NFT 交易市場 Beta 測試版。

6.3
投資加密貨幣的風險

如果購買加密貨幣純粹作升值或收息用途當然是可以的，未必一定要作為買賣非同質化代幣 NFT 的用途。不過，和任何投資方式一樣具有以下風險。

1. 價格波幅較大

因為加密貨幣本身沒有貨幣或資產作為基礎，只是依賴網上世界的共識來進行運作，所以其價格經常出現比較波動的情況，受到政經消息的影響亦比較大，炒賣投機亦較為常見，故此風險相對較大。在決定入市投資加密貨幣之前，還是應該衡量清楚所能承擔風險的程度才落實決定。

虛擬加密貨幣推出已經超過 10 年，但在日常應用上並沒有十分普及，其中一個原因是加密貨幣的幣值波幅可以很大，所以市場上開始出現價值相對較穩定的加密貨幣，稱為穩定幣 (Stablecoin)。**穩定幣的價值是藉由與較穩定的資產掛鉤，令其價值可以維持穩定。**穩定幣主要有 3 種，法幣穩定幣（以現實中的法定貨幣來掛鉤或抵押，例如泰達幣 USDT, USD Tether）、加密貨幣穩定幣（以其他加密貨幣作為掛鉤或抵押，同時由智慧合約負責發行，例如 BitUSD, Bitshares）、商品穩定幣

（是以其他較具價值的商品作為掛鉤或抵押，例如 PAXG）。

▶ 穩定幣 (Stablecoin) 是有掛鉤或抵押的加密貨幣，價值可以維持穩定。

2. 電子錢包安全性

　　「冷錢包」與「熱錢包」是依據用戶私鑰的儲存方式來區分。熱錢包 (Hot Wallet) 又稱「線上錢包」，需要連接網絡才可以使用。冷錢包 (Cold Wallet) 是離線錢包，平常不會連上網，只在需要交易的時候才會連接網絡。錢包裝置內設有加密系統，用戶需設定密碼才能獲得私鑰，私鑰存放在如 USB 之類的實體設備。

▲冷錢包 (Cold Wallet) 是離線的實體電子產品。

　　加密貨幣的私鑰亦要十分慎重保管，如果這項資訊被騙去便有可能被盜用電子錢包內的財產。去中心化的加密貨幣交易亦完全不受任何監管，蒙受損失的話亦隨時投訴無門。此外，屢屢發展不同的加密錢包有各式各樣的漏洞，造成潛在被入侵或被攻擊的風險，嚴重者會出現資產被盜等損失。

3. 平台經營穩定性

　　若透過加密貨幣交易所平台或應用程式來儲存加密貨幣，那麼平台經營的穩定性亦是風險之一。加密貨幣交易所的經營，是可以因為機構監管、或因平台的個人因素而存在很大的變化，最壞的情況便是如果平台倒閉，投資者所持有的加密貨幣並沒有存款保障，全數投資損失的風險十分高。

4. 加密貨幣監管要求

　　加密貨幣或加密貨幣交易屬於新科技產物，因應防範及杜絕洗黑錢之類的非法活動，世界各地的政府隨時會逐步加強監管，當加密貨幣因為收緊監管要求而無法繼續在一些地區交易和運作，同樣會出現損失資產的風險。

6.4
NTF 交易及拍賣市場

非同質化代幣的買賣平台可以分為兩類，一類主要以拍賣或售賣為主，而不設轉售的二手市場，NFT 的創造者或收藏家亦並非可隨意放售 NFT 產品。另一類則是開放給所有網民使用的平台，NFT 創造者或收藏家可以自由上傳 NFT 產品放售或轉售。

OpenSea

OpenSea 是目前全球最大的非同質化代幣 NFT 在線交易市場，於 2017 年 12 月創立，在 2021 年 9 月發布 Android 和 iOS 行動應用程式。OpenSea NFT 交易平台內有數碼藝術品、加密收藏品、遊戲物品、虛擬土地、虛擬房屋和域名等等發售。

相較其他 NFT 的交易平台，OpenSea 使用介面比較親民，而且任何人都可以免費建立帳戶和購買 NFT 產品，唯一的費用是在帳戶初始化、或商品售出後須要支付處理交易的 Gas 費用，是一項給礦工的手續費。由於 OpenSea 是上手難度和操作門檻較低的 NFT 交易平台，因此對於一般的普通用戶來說可以算是首選的交易平台。

在開始使用 OpenSea 平台之前，用戶必須先到虛擬貨幣交易所兌換

虛擬貨幣，然後申請註冊 MetaMask 加密錢包（以桌面電腦為例子），將虛擬貨幣放進加密錢包內，才可以開始在 OpenSea 網站購買 NFT 產品。Opensea 交易平台並不要求使用者註冊一個帳戶，用戶只需要把加密錢包連結到 OpenSea 上就可以自動進入平台，因此是以加密錢包作為帳戶來操作。

根據 Opensea 網站幫助中心的建議，如果主要在桌面電腦上操作，許多用戶會選擇 MetaMask 錢包，而在移動裝置上則較多用戶選擇 Coinbase 加密錢包。

▲ Opensea 網站。（網址：https://opensea.io/）

總結 Opensea 的購買步驟如下：

1. 申請註冊虛擬貨幣交易所帳號；
2. 在交易所購買以太幣 (ETH)；
3. 申請一個 MetaMask 加密錢包；
4. 把以太幣轉帳到 MetaMask 加密錢包內；
5. 進入 OpenSea 網站，並用 MetaMask 加密錢包登入；
6. 這樣就可以在 Opensea 平台上尋找 NFT 產品進行購買。

如前文所述，用戶也可以上傳 NFT 產品檔案到 OpenSea 平台放售。

▲用戶只需要連接自己的加密錢包便可以開始選購站內的 NFT 產品。

▲可以按分類來瀏覽及選購站內的 NFT 產品。

蘇富比拍賣行「Sotheby's Metaverse」

國際藝術品拍賣行蘇富比 (Sotheby) 已經有 277 年的悠久歷史，2021 年 10 月進軍 NFT 市場，構建「Sotheby's Metaverse」（蘇富比元宇宙）平台。在平台上可以查看正在拍賣中的 NFT 數碼藝術品，首次拍賣於 2021 年 10 月 18 日至 26 日舉行，主題為「NATIVELY DIGITAL 1.2: THE COLLECTORS」，拍賣共 53 件自 19 位 NFT 收藏家（包括 Steve Aoki、Paris Hilton、j1mmy.eth 等）的 NFT 產品。

蘇富比 Metaverse 平台接受比特幣 Bitcoin、以太幣 ETH、USD Coin (USDC) 這三種加密貨幣，或美元等其他法定貨幣付款，也有計劃會持續發展 Metaverse 業務，包括開拓 NFT 買賣、交易、鑄造等服務，看來打算將其發展成一個全方位 NFT 平台。

▲ Sotheby's Metaverse 網站。

Superchief NFT 作品畫廊

位於美國紐約市一家名為 Superchief 的 NFT 畫廊，是真實存在而採用實物的展覽方式，每個牆面上都有一個螢幕。畫廊裡面的藝術家大多都有傳統藝術界的背景。不過這家畫廊銷售的不是可搬運的實體藝術品，而是一張張 Png. Jpg. Mp4. 的數碼檔案。畫廊提供現場參觀看展，也同時提供線上展覽，亦有開發專屬的藝術 NFT 交易市場網店。

Superchief 藝術畫廊說明在數碼元宇宙時代，藝術工作者可以如何由實體世界走向虛擬世界，也是將實體作品以區塊鏈技術售賣的方式，為藝術工作者開發更廣闊的銷售渠道，是藝術工作者或行銷專家可以參考的例子之一。

▲ Superchief 的 NFT 畫廊。
（網址：https://www.superchiefgallery.com/）

Rarible

Rarible 於 2020 年初創立，是一個以創作者為中心的 NFT 市場和發行平台，利用 RARI 代幣讓用戶進行買賣。Rarible 平台上的用戶可以輕鬆地為藝術品、遊戲物品等獨特的數碼物品創建非同質化代幣 (NFT)。

Rarible 為用戶提供一個功能齊全的市場，用戶可使用不同的類別進行搜尋和排序。任何人都可以在 Rarible 市場創建和發布 NFT。

　　Rarible 採用區塊鏈技術，成為不僅只是數碼收藏品和藝術品的市場，還提供極其簡單的過程讓使用者創建或「鑄造」NFT。藝術家和創造者能夠以低門檻來創建和銷售他們的數碼產品，而且受區塊鏈技術帶來的安全性保護。

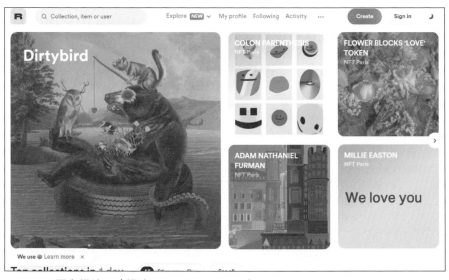

▲ Rarible 平台網站。（網址：https://rarible.com/）

　　Rarible 平台和協議由 RARI 持有者管理，可以對平台的治理提案進行投票。Rarible 計劃將會轉為完全去中心化的自治組織 (DAO) 結構。由於整個 NFT 生態系統還很新，Rarible 打算將部分收入用於補貼用戶的第一次鑄幣交易（NFT 創建交易），以及平台上的其他業務策略來推動平台的增長。

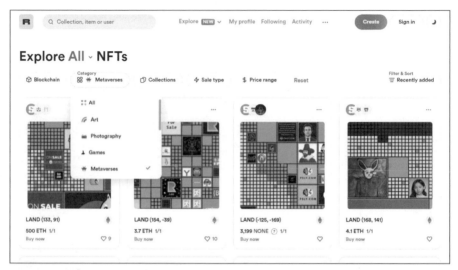

▲可以按分類來瀏覽及選購站內的 NFT 產品。

RARI 代幣的總供應量上限為 25,000,000 枚,其當前流通供應量取決於用戶的參與。截至 2021 年 11 月,流通中的 RARI 代幣超過 850,000 個。Rarible 也是一個建立在以太坊網絡上的平台,RARI 代幣同樣是建立在 ERC-20 代幣標準之上。在平台上創建的代幣是使用 ERC-721 不可替代標準鑄造。ERC-20 和 ERC-721 代幣都是工作量證明 (POW) 和即將成為權益證明 (POS) 的區塊鏈,使用分散的節點和礦工網絡來確保交易安全。

RARI 目前可在多個代幣交易所進行買賣,包括 MXC、Hotbit 和 Poloniex,以及 Uniswap、Mooniswap 和 Balancer 等流行的去中心化交易所,可以兌換的貨幣包括美元 (USDT) 和以太幣 (ETH)。

6.5

本地交易所及 NFT 交易平台

香港數字資產交易所 HKD.com

根據官網介紹，香港數字資產交易所 (HKD.com) 是一個基於香港，面向全球的世界級數碼資產交易平台，在 2019 年成立 HKD Chain，為真正的為商業而設的區塊鏈。該公司亦推出保安嚴謹的線上數碼貨幣交易平台及錢包，並已設立面積近萬呎的實體店，又於 2021 年 9 月推出 NFT 交易平台 Beta 版。

▲香港數字資產交易所主頁。

此外，該公司重點發展自家的 NFT 項目「MetaBunny」（元兔），元兔頭像共分 5 個等級，一級比較大眾化及可愛，五級屬限制級較為血腥。2022 年 1 月預售時開放 500 枚限量發售，開賣僅 1 小時已有一些稀有的 NFT 升值 15 倍到 35 倍。公司更讓認購人士在門市以港幣現金購買「MetaBunny」，由於反應熱烈，即場購買配額增加到 1,000 枚便停止。

公司亦計劃推出「MetaBunny」線上主題遊戲，讓香港電玩玩家體驗 Play to Earn 打機賺錢，在玩遊戲的同時賺取遊戲幣 $CARROT。

▲「MetaBunny」元兔官方網站。（網址：https://www.metabunny.io/）

Pet World Park

一個本地團隊創立的寵物遊戲及 NFT 交易市場，於 2022 年 2 月推出。除了線上的應用外，亦會發展實體業務如主題樂園和酒店等等。

▲ Pet World Park 網站主頁。
（網址：https://globalpetsworld.com/）

▲ Pet World Park NFT 商店。

台灣 NFT 市場

台灣地區也有 NFT 市場如 OURSONG 或 FANSI，有興趣的可以去瀏覽。

▲ OURSONG 網站。（網址：https://www.oursong.com/）

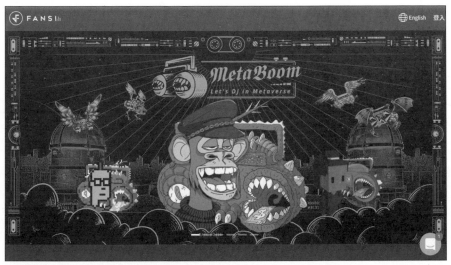

▲ FANSI 網站。（網址：https://www.fansi.me/）

Part 7

投資虛擬房地產 有價有市

2020 年起受到新冠病毒疫情的影響，人們開始對 Metaverse 元宇宙有較大興趣。因為大家開始察覺到從發展生意業務、訂餐叫外賣、到日常生活上購買糧油雜貨等等，很多事情我們逐漸依賴互聯網來辦妥。提到元宇宙的應用，很多人的第一印象是網上遊戲，用玩家的虛擬身份來在遊戲闖關或賽車等等。

隨着在新聞上看到元宇宙「地皮」天價成交，人們開始把焦點放在元宇宙地產投資上。至於為什麼元宇宙值得投資？其實十分簡單，元宇宙具有無限的發展潛力。如果人們的未來是數碼世界，那麼元宇宙便是未來發生的地方。元宇宙的發展需要多方面元素配合，包括新的技術、協議、產品、創新和探究，將不可避免地為未來社會帶來變革，而且可以製造無數商機和新的職位。所以，**隨着容許全球用戶隨時隨地可以參加元宇宙，元宇宙將會有潛力發展成為一個比現今經濟體更加大規模的新型經濟體。**

7.1

區塊鏈線上遊戲 Mirandus

2021 年 2 月，投資基金公司 Polyient Games 花了 160 萬美元，投資購入一個尚未推出的線上遊戲 Mirandus 內、名為「星空城堡」（Citadel of the Stars）的大型王國的地權。該公司計劃對遊戲玩家收取過路費，或者把這片土地分拆再出售，從中圖利。Mirandus 遊戲還有出售遊戲內其他的各種權益，都一樣十分搶手。遊戲內還有其他城堡發售，包括 Citadel of the Sun、Citadel of the Moon 及 Citadel of the Earth 等等。

傳統的線上遊戲中的玩家並不會真正「擁有」任何遊戲內的事物或道具，無論遊戲玩家花了多少時間和心力去經營，遊戲內一切的「財產」

都屬於遊戲的開發公司，遊戲開發公司停運了，玩家的所有「財產」都會消失，而且遊戲玩家還得承受所有分數、道具等財產被沒收或盜竊的風險。

到了區塊鏈技術的時代，基於區塊鏈去中心化技術的遊戲，玩家的所有「財產」才可以儲存在公開公共透明的區塊鏈上，並且獲得認證。

▲ Mirandus 遊戲中的 Citadel of the Earth 城堡。（網址：https://mirandus.game/）

7.2

虛擬房地產的投資吸引力

現時在元宇宙內我們不只可以買得到虛擬球鞋、服飾這些虛擬消費品,甚至連土地、房子這些虛擬不動產也可以買得到。不過,「虛擬房地產」究竟是什麼概念?

用戶只要透過 VR 頭戴式設備或手機登入元宇宙,就可以在這些虛擬世界買房子和土地,之後就可以決定想要蓋什麼樣的建築物、如何裝修如何擺設等,展現一種和現實世界不同的生活模式,在元宇宙內打造自己的數碼時尚生態。

2021 年 11 月 Tokens.com 買下 Decentraland 中的虛擬土地,準備建構作為舉辦時裝秀的場地,或販售虛擬服飾、穿着等等的市場。其如意算盤為,隨着奢侈品牌如 Louis Vuitton、Gucci 和 Burberry 等,都開始嘗試探索以區塊鏈技術來保護這些品牌商品的真偽,及打造 NFT

▲ Tokens.com 買了 Decentraland 中的虛擬土地。
(網址:https://www.tokens.com/)

數碼產品進入元宇宙市場，因此開發「時尚大街」將在未來的虛擬商業中發揮核心作用，可以作為舉辦、銷售時尚相關活動、服飾等等的平台，並且將更多品牌的產品帶進元宇宙生態系統。

同月 30 日，投資公司 Republic Realm 以更高價 430 萬美元，從遊戲公司 Atari 買入 The Sandbox 中的一塊虛擬土地，成為目前最貴的虛擬土地交易。

▲ Republic Realm 網站。
（網址：https://www.republicrealm.com/）

投資公司 Republic Realm 與遊戲公司 Atari 預計合作在 The Sandbox 的一塊虛擬土地開發虛擬地產項目，目標為虛擬世界內的購物中心及住宅，並以出租的商業模式經營，並且邀請遊戲開發商來幫助建造。Republic Realm 公司亦透過在多個不同虛擬世界中購買虛擬土地來實行分散投資，除了閒置等待升值，就是開發虛擬地產項目。

購買虛擬土地無論在自行建設，或不想要土地時轉賣獲利，都比現實世界的地產自由得多，購買或放售虛擬土地也十分便利，透過網絡就可以在市場進行交易。

7.3

房地產 NFT 和房貸 NFT

房地產 NFT 是指將現實房地產鑄成一枚 NFT 代幣進行交易，運作方式和一般 NFT 產品大致是一樣的，就是以賣家選定的加密貨幣進行交易，房地產 NFT 同樣存放在數碼錢包內，新業主（即 NFT 持有人）隨時可以賣出獲利。

NFT 尚未在房貸產品中廣泛應用，但可預見在未來會更加普及。美國房貸公司 LoanSnap 應用該公司的 Bacon Protocol，在 2021 年 11 月推出首款 NFT 房貸（住房淨值貸款）。NFT 房貸的辦理手續跟現實的房貸基本上一樣，不過是發行一枚 NFT 代幣。

另一類房地產 NFT 是屬於分式產權代幣，形式有點類似股票，每枚 NFT 代幣代表該房地產項目的股份。例如一個出租的商場發行成 10 枚 NFT 代幣，持有 1 枚的話就可以獲取淨利潤 10% 的分紅。這個方式類似集資，讓一個大型項目可以以較小的銀碼購入其中一部份權益。美國的 LoanSnap 公司亦有計劃發行一款名為 bHome 的穩定幣，用作代表 NFT 房貸的分式產權。

和現實房地產（例如居者有其屋計劃）有轉售限制類似，房地產 NFT 也有可能有類似限制條款，買家需要持有 NFT 代幣一段時間才可

以轉售，造成投資的不確定性風險。因此和其他任何投資方案一樣，投資者應清楚了解項目所有條款才決定入市。

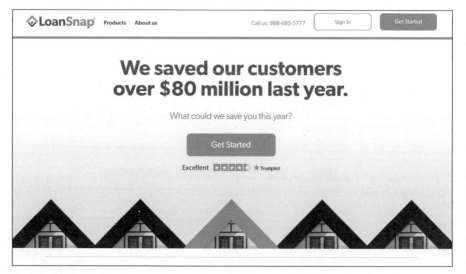

▲美國房貸公司 LoanSnap。
（網址：https://wwwgoloansnap.com/）

7.4

元宇宙虛擬世界地產平台

現時已經開發了很多不同的元宇宙虛擬世界平台，只要內裡的地皮開放發售，便是一個元宇宙虛擬世界地產投資項目，例如 Decentraland、Sandbox、Superworld、Roblox Corp.、Axie Infinity、Upland、Cryptovoxels 以及 Somnium Space 等等。各個平台都限定虛擬地皮數量，由此創造出類似現實生活中房地產市場的稀缺性。

Decentraland 和 The Sandbox 是現時兩個主要的虛擬土地平台，用戶可以在平台內「生活」，以現金兌換虛擬貨幣來在平台裡進行買賣。 以購買虛擬土地為例，土地的供應是有限的，分為不同地段。這些虛擬世界的運作、用戶可以進行的活動，仍然是限於該平台之內，因此性質可以看成是具備元宇宙條件的虛擬遊戲世界。當然，玩家或用戶可以十分認真地在遊戲世界內進行經濟活動，將收入的虛擬貨幣在市場上出售套現，又或者將這裡作為企業宣傳的一個渠道。

Decentraland

Decentraland 是基於以太坊區塊鏈技術的分散式 3D 虛擬實境平台。在 2017 年舉辦首次代幣發行 (ICO) 募得 2,400 萬美元作為開創資金。

其後於 2019 年進行封閉 beta 測試，並於 2020 年 2 月正式開放給全球人士參與，由非營利性的 Decentraland 基金會監督。這個虛擬世界是為尋找新藝術媒體、商機或娛樂來源的創作者、個人或企業而打造的。

和電玩遊戲「模擬人生」(The Sims) 類似，不過 Decentraland 是結合「區塊鏈 +VR+ 第二人生」這些概念的虛擬世界，其中的通用貨幣稱為 MANA，用戶可以用 MANA 來投資於土地和物品等等。在這個虛擬空間內用戶可以創造、體驗各種內容與應用和賺取收入。用戶購買土地之後可以進行探索或在土地上進行建設。這些不同體驗可以是互動遊戲、龐大的 3D 立體場景，以及多種其他的各類型互動體驗。

Decentraland 這個「虛擬宇宙」共分成 90,601 塊個別的土地，每塊土地都是由一枚 ERC-721 非同質代幣所代表。每塊土地是 16 公尺見方，面積為 256 平方公尺，在 Decentraland 虛擬宇宙中擁有特定座標。其中大多數地方都被分成幾個區域，每個區域有其大小和主題。

在 Decentraland 這個虛擬世界內土地資源是有限的，用戶在買地後可以根據自己的喜好設計內容和應用。加密貨幣投資公司 Metaverse Group 在 2021 年便以 618,000 MANA 幣的代價買下一幅虛擬土地，價格大約等於 242 萬美元。這塊位於「時尚街」（Fashion Street）的虛擬地皮，由 116 塊每塊 52.5 虛擬平方呎的細小地皮組成，合共面積為 6,090 虛擬平方呎。

用戶除了控制自己的虛擬化身之外，也可以以投票的方式決定 Decentraland 的規則。Decentraland 是使用去中心化自治組織 (DAO) 來進行管理，持有 MANA 代幣的用戶有權對其中的政策更新、未來土地拍賣的細節、哪些類型的內容可出現在這個虛擬宇宙之中等議題進行投票，也就是管理及控制 Decentraland 的運作。

Decentraland 用戶可以透過租賃、廣告和付費體驗等方式獲取收入，也可以在 Decentraland 商場中製作並出售物件，賺取 MANA 代幣。於是這些虛擬土地也有其經濟價值，令投資這些土地變得可行、有價有市。

▲ Decentraland 共分成 90,601 塊個別的土地。
（網址：https://decentraland.org/）

▶ 可以以 guest 身份瀏覽 Decentraland 元宇宙。

▲用戶可以利用平台提供的工具構建物品。

▲平台的交易市場。

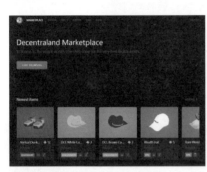

▲可以購買道具在平台內使用。　▲用戶也可以選購正在放售的土地 LAND。

The Sandbox Metaverse

本港遊戲公司出品的 The Sandbox 是一個去中心化的虛擬世界平台，用戶可以將 NFT 資產應用在這個虛擬世界內。平台為創作者提供創建資產的工具，及相關的 NFT 所有權。遊戲玩家和創作者可在平台製作一個 3D 世界和遊戲去儲藏、買賣、收益他們的 NFT 作品。

據 Sandbox 白皮書的資料，LANDS 土地是由區塊鏈支援的非同質化代幣 NFT（ERC-721 標準）。透過買入 LANDS 便可以讓玩家擁有 The Sandbox 元宇宙的一部分，在其上應用其他資產和遊戲。The Sandbox 元宇宙總共設有 166,464 塊 LANDS 土地，土地也就是在這元宇宙內玩家用來創造遊戲並從中獲利的空間。限量的供應亦令買入 The Sandbox 土地變成有升值潛力的投資。

The Sandbox 原本是一個由開發商 Pixowl 在 2012 年推出、下載人次達千萬的手機遊戲。在 2018 年新的創作團隊 Animoca Brands 決定再開發這個遊戲，把遊戲帶入區塊鏈的世界內，透過代幣令用戶擁有所

有權。「Play to Earn」概念是當中的核心，用戶可以透過這個元宇宙遊戲賺取 SAND 代幣，也可以透過土地買賣或租賃去獲利。在 2021 年 Sandbox 的其中一塊土地 (LANDS) 以 430 萬美元的價格售出，創下當時元宇宙土地的新高紀錄。

元宇宙版本的 The Sandbox 於 2021 年 11 月推出，是一個基於區塊鏈的虛擬世界，用戶可以以遊戲的形式製作、構建、買入和賣出數碼資產。通過結合去中心化自治組織 (DAO) 和非同質化代幣 (NFT) 的力量，The Sandbox 為這個本已是發展蓬勃的遊戲社區創建了一個去中心化平台的元宇宙版本，而且亦與多個全球知名品牌人物及知識產權合作，例子有 Snoop Dog、Steve Aoki 及 The Walking Dead 等。

The Sandbox 平台的主要目標是將區塊鏈技術成功地引入主流遊戲平台。這個遊戲的元宇宙版本專注於促進一個具創造性的 play-to-earn 模式，允許使用者同時成為創造者和遊戲玩家的雙重身份。The Sandbox 引入一個運用區塊鏈技術的 SAND 代幣來促進遊戲平台上的各種交易。

The Sandbox 是一個獨特的平台，因為它將區塊鏈技術引入了遊戲世界。在採用區塊鏈技術方面，遊戲行業是一個尚未開發的巨大市場。元宇宙版本的 The Sandbox 透過建構一個讓遊戲玩家能製作和收集基於區塊鏈技術的資產的虛擬遊戲世界，達到徹底改變遊戲市場的目標。

由於重視由用戶所製作的內容，The Sandbox 是一個由參與的玩家組成的元宇宙世界，用戶同樣可以為平台的進一步發展作出貢獻。通過引

入 SAND 代幣，The Sandbox 促進了去中心化自治組織 (DAO) 的管理模式，允許用戶分享他們對項目發展的看法和想法。技術不斷地在發展，去中心化自治組織 (DAO) 已逐漸成為基於區塊鏈技術的項目的必備條件。

▲ The Sandbox 共有 166,464 塊 LANDS 土地。(網址：https://www.sandbox.game/en/)

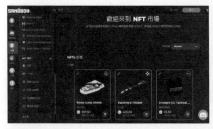

▲網站設多個語言版，但並非所有內容都有相應語言。網站的 NFT 市場有多種多樣的物品出售，可以用在土地 (LAND) 上。

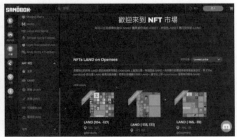

▲ 土地只是列出在 Opensea 市場轉售中的項目。

SuperWorld

　　SuperWorld 是個增強現實虛擬世界的元宇宙環境，在 2021 年已經售出數以千計的地產項目，據報導用戶在這個虛擬地產平台上的平均消費額大約為 2,000 美元。

SuperWorld 的地圖繪製投射現實世界，地球表面被劃分成 640 億個大小相同的地皮。著名的地標建築物已被搶購一空，例如巴黎艾菲爾鐵塔、羅馬鬥獸場或紐約市曼哈頓下城的黃金商業地產。位於香港島的香港大球場正在轉售，開價 10,000 以太幣 ETH（折合 26,168,500 美元或港元 2 億 400 萬左右）。幽默的是內地資本的本港項目、甚至內地的地標項目也在發售或轉售之列。

至於 SuperWorld 上長寬皆為 100 米的未售出地皮，售價同樣是 0.1 個以太幣 (ETH)，折合大約相當於 250 美元。

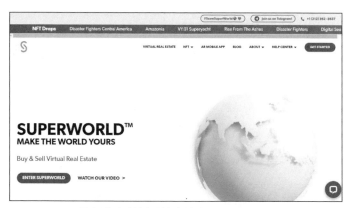

▲ SuperWorld 已經售出數以千計的地產項目。
（網址：https://www.superworldapp.com/）

▲用戶可以用地圖瀏覽世界各地的放售項目。

▲用戶亦可以用 marketplace 功能查看轉售中的項目。

7.5

元宇宙地產例子：火星屋

　　新興的虛擬房地產是指建基於區塊鏈技術來開發的網上遊戲，用戶在遊戲的虛擬元宇宙內購入土地，由於這些虛擬土地應用了非同質化代幣 (NFT) 技術，所以可以認證用戶的擁有權。而且這些土地亦是限量供應，加上其潛在的經濟收益，變得有價有市，成為投資選擇的一項新渠道。

　　投資虛擬土地的例子有：在 2021 年 2 月投資基金公司 Polyient Games 花了 160 萬美元，購入線上遊戲 Mirandus 中一幅叫「星空城堡」的土地，打算向其他玩家收取過路費賺取收益，或者把這塊土地分拆出售。

　　另外，被稱為「世界上第一個 NFT 虛擬房地產」火星屋 (Mars House)，在 2021 年 3 月經過 9 天的競價，最後以 288 枚以太幣的價格售出（大約為 51.3 萬美元）。火星屋並不是一項能實體居住的房地產，而是建立在元宇宙上的一所虛擬房屋。這個數碼住宅的新屋主擁有受 NFT 區塊鏈技術保護的數碼所有權證書，因此是一個 NFT 虛擬房地產。買家可上載火星屋檔案到元宇宙的虛擬世界內，使用 VR（虛擬實境）或 AR（擴增實境）來探索這所虛擬開放式豪宅的空間。

　　火星屋是由藝術家 Krista Kim 創建，坐落在虛擬火星上一座山頂之上，房屋內所有類似寶石的傢具均採用半透明鋼化玻璃製成，所以設計者將其描述為「光雕」，每個房間的牆壁都清晰透明。這所房子外面還配備有幾個半透明的日光浴椅供用家享受。

　　2020 年的新冠世紀疫情，使人與人之間的實體互動和社交逐步變得虛擬，越來越多人將社交和商務關係轉移到虛擬數碼平台上，例如開會等等活動變成線上運作。當虛擬世界的應用越來越廣闊，在虛擬世界內的經濟活動也必定應運而生，投資在元宇宙世界經濟體上的虛擬房地產，是否會帶來可觀的回報，還需要時間的驗證。

▲「世界上第一個 NFT 虛擬房地產」火星屋。

7.6

香港地產巨擘投資虛擬地皮

香港上市公司新世界 (0017) 的主席鄭志剛在 2021 年 12 月宣佈投資於 The Sandbox 的虛擬土地以進軍元宇宙虛擬世界，據報投資金額大約為 500 萬美元。該公司計劃在虛擬世界內創立大灣區創新中心，旗下參與投資的公司包括 Lalamove、Casetify 等也會進駐該創新中心。新鴻基公司也在 2021 年 11 月初宣佈參與 The Sandbox 的 B 輪融資計劃。

另外，在國外也有虛擬房地產公司在遊戲平台買下黃金地段作投資，期望發展成奢侈品的集中地。當元宇宙虛擬世界發展成為人們日常生活不可或缺的一部分，那麼這些虛擬世界中的房地產，也有機會形成稀缺的「黃金地段」，因此而被賦予巨大的商業價值。

正如元宇宙被看好有潛力成為人們集上班、工作、上學、娛樂、購物、旅遊及社交活動等集於一身的虛擬世界，只要這些虛擬世界產品的市場中有需求存在，那麼虛擬貨幣、虛擬商品或者虛擬房地產都會帶來投資增值的機會。

當然人們必須切記，投資元宇宙房地產是一種高風險的投機行為，

虛擬土地究竟是前景看好，還是下一個泡沫，是誰也不能確定的。

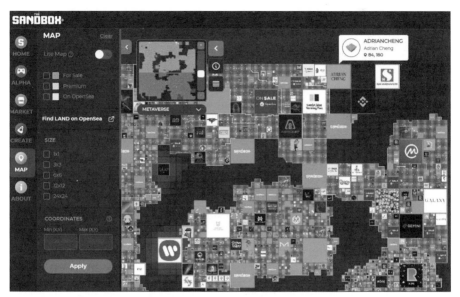

▲新世界 (0017) 主席鄭志剛在 Sandbox 的地皮鄰近新鴻基公司和南華早報 (SCMP)。

7.7
風險評估

　　在元宇宙投資虛擬房地產是一種投機冒險的行為，任誰也不能確定虛擬地皮是前景看好還是下一個經濟泡沫。投資購買虛擬地皮實際上只是在虛擬空間獲得一個認證，也就是在購買虛擬地產平台所提供的一項服務。如果該平台的營運出現問題，投入的資金就可能蒙受損失。任何新興事物都會存在新式的風險，現時虛擬資產的交易在許多國家都未受法律監管，因此做任何投資之前都應該經深思熟慮才落實進行，同時也要顧及自己所能承擔的最大損失限額。

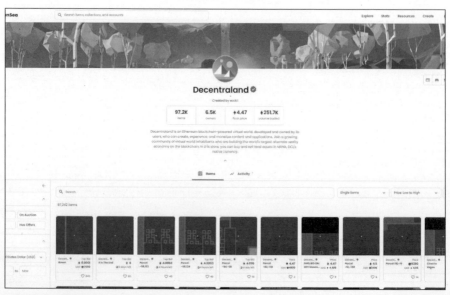

▲在非同質化代幣 NFT 交易市場 OpenSea 平台上，可以找到虛擬土地和虛擬房屋的轉售項目。（網址：https://opensea.io/collection/decentraland）

Part 8

從交易所、錢包開戶到 NFT 製作、地皮買賣圖解

　　無論作為投資還是娛樂，將資金放在網上錢包未有如持牌銀行或機構般受政府監管，網絡應用或手機 app 亦存在漏洞風險，因此必須仔細衡量風險才決定是否入場。

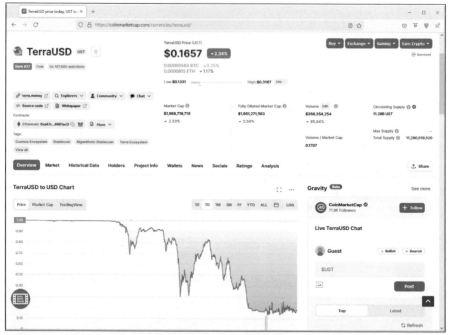

▲由區塊鏈公司 Terra 發行的穩定幣 TerraUSD (UST) 於 2022 年 5 月崩盤，相關的虛擬貨幣 LUNA 價值幾近歸零，揭示加密貨幣本身和營運商都可能存在風險。

　　注意：下文介紹的交易所、錢包和 NFT 製作買賣網站操作時的版面內容和手機 app 操作介面會隨版本更新有所改變，實際操作請以最新版本為準。另外，交易所入金或出金或會牽涉交易費用（現貨交易手續費、加密貨幣和法幣出金手續費和理財功能收費等），請留意各平台的最新收費資料。

8.1

Kikitrade 貨幣交易所操作簡介

官網網址：https://www.kikitrade.com/?lang=zh

瀏覽器：**X**　　　手機 app：**✔**

Kikitrade 主要用作買賣加密貨幣，因此設有市場資訊和社區交流等幫助用戶分析市場趨勢的功能。其他功能包括減低投資風險的加密幣自動定時投資。

1. 註冊賬戶

在 Apple App Store 或 Google Play Store 下載 Kikitrade 手機 app (iOS/Android)，選擇使用地區（留意註冊後不能修改），如有邀請碼亦可一併輸入。

▲用戶可選擇上傳頭像圖片、設定性別和暱稱這些用戶資料。

▲可以選擇以電話號碼或電郵地址註冊賬號，通過驗證後便是設定帳戶密碼。

2. 入金方法

用戶現時可把在其他平台的加密貨幣轉入至 Kikitrade 賬戶，步驟如下：

▶ 在主頁中選擇「入金」

▶ 選擇入金來源，例如可以信用卡直接充值。信用卡公司一般會收取 3% 至 5% 費用，現已支持不收取手續費的 C2C 入金服務。

3. 出金方法

▶ 身份認證：如要提取帳戶內的資金，用戶必須先驗證身份，可選擇以身份證或護照來進行身份認證。首先以手機掃描選定的證件，然後以自拍方式進行臉部辨識來驗證身份。待系統完成驗證，身份認證旁出現綠色「已認證」便完成。

◀設定名下的銀行帳號：在「收付款設置」中選擇「銀行卡收款方式」，然後填寫帳戶資料。

出金至傳統銀行需使用用家本人名下的銀行賬戶，亦可將帳戶內的加密貨幣轉至其他加密貨幣平台，例如 MetaMask 錢包。

▲選定存入資金的銀行帳戶及輸入提取金額，點擊「確認」。

▲在幣種港元 HKD 資產頁面選「提款」。

▲在「錢包」中選擇「提幣」，例如以港元轉帳到自己的銀行帳戶便選擇 HKD。

8.2

MetaMask 錢包
開戶步驟

官網網址：https://metamask.io/

瀏覽器：✔　　　手機 app：✔

MetaMask 錢包可在電腦瀏覽器或手機 (iOS/Android) 上使用，包括 Mac (macOS 11.0 或更新)，電腦瀏覽器以插件 (plugin/extension) 方式應用，支援 4 種瀏覽器包括 Chrome、Firefox、Brave 及 Edge。這裡繼續以 iOS app 作介紹。

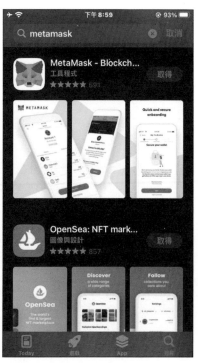

例如元宇宙應用 The Sandbox 並沒有手機 app，所以在瀏覽器進入 Sandbox 遊戲時便需要瀏覽器已連接 MetaMask 錢包。同樣，想在瀏覽器進行 NFT 市場 Opensea 的買賣操作，也是必須在瀏覽器先已連接 MetaMask 錢包。

1. 註冊賬戶

▲ 在 Apple App Store 或 Google Play Store 下 載 MetaMask 手 機 app(iOS/ Android)。首次執行時選擇「創建新錢包」。

▲創建密碼是用作在啟鎖（登入）這個帳戶。

▲ 預設帳戶名稱「Account 1」可以長按修改。

▲之後是保護帳戶的設置，是一組 12 個英文單字的句子，這個是助記詞。其實作用類似帳戶名稱，在其他裝置解鎖（登入）時需要填寫，因此必須牢記。

2. 購買加密貨幣

　　在 MetaMask 內也可以購買加密貨幣，並且可選用以 Apple Pay 來付款，MetaMask 會自動計算交易費用。

3. 使用 MetaMask 的 Chrome 擴充功能

　　相關網站：https://metamask.io/download/

▲不再需要的時候可從 Chrome 移除。

▲和其他網站一樣，如想保障安全，可在不用的時候按右上角的「鎖定」，效果等於登出。

▲需要用的時候，輸入密碼進行「解鎖」，效果等於登入。

8.3

在 Opensea NFT 市場創建和上架 NFT

官網網址：https://opensea.io/

瀏覽器：✔   手機 app：✔ （手機 app 只提供瀏覽功能不能購買）

Opensea 無需註冊帳戶，用瀏覽器或下載手機 app、直接連接加密錢包就可以使用。不過手機 app 只提供瀏覽 NFT 項目的功能，要購買是要用網絡瀏覽器來操作。原因大概是一來 iOS 和 Android 都會收取費用，二來以太坊未能提供 app 內購買 (in-app payment) 這功能。

1. 安裝 app 及連接 MetaMask 錢包

▶ 在 Apple App Store 或 Google Play Store 下載 Opensea 手機 app (iOS/Android)。首次執行時選擇「Continue」。

▶ 選擇要連接的錢包，例如本例子可選擇 MetaMask 錢包。

▶ 手機已裝有 MetaMask 錢包，按「連接」確認便完成連接程序。

▶ 手機 app 會顯示該 MetaMask 錢包相連的 Opensea 帳戶的資料，但不能在這裡修改帳戶名稱，需要在網絡瀏覽器才可以設定帳戶資料。

2. 查看 Opensea 市場放售中的 NFT 項目

▲可以查看 NFT 項目的價格和其他資料。

▲按「Copy Link」複製項目的連結。

3. 購買 NFT 項目

▲在網絡瀏覽器連接 MetaMask 錢包，按最右的錢包 icon 然後選擇 MetaMask。

▲打開這個項目，按「Buy Now」繼續。

▶按「Confirm Checkout」完成購入。需確保錢包內資金充足，否則便未能繼續。

4. 在瀏覽器創建 NFT 項目

▲選 Create 創建一個新 NFT 項目，然後上傳檔案及填寫名稱。

▲網址 (External Link)、簡介 (Description) 和收藏 (Collection) 是關於項目的其他資訊，可填可不填。

▲區塊鏈 (Blockchain) 可選以太坊 (Ethereum) 以外的 Polygon，好處是免礦工費 (Gas fee)。

▲數量 (Supply) 限定為1，因為如果超過 1 個便是同質化代幣，那就失去 NFT (non-fungible) 非同質化獨一無二的意義。

▲最後的凍結元數據 (Freeze metadata) 表示將 NFT 的元數據永久鎖定與存儲在分散的文件中。物品之後將永遠安全存放，永遠不會丟失。

▲最後按「Create」進行製作。

▲製成後不代表已經放售，可按「Edit」進行修改資料。

▲修改完後按「Submit Changes」確認修改資料，按「Delete item」刪除這個項目。

▲按收藏 (Collection) 頁面的「Edit」來設定名稱、加入 icon 等。

5. 將 NFT 項目上架放售

▲按項目頁面的上架「Sell」，設定以太幣為單位的售價 Price（最低價為 ETH0.2），按「Complete listing」確定開賣。

▲按頁面指示完成最後的步驟來完成放售程序。

▶ 放售中的項目仍然可按「Edit」修改項目資訊，或按「Cancel listing」取消放售刪除項目。

▶ 手機 app 自動同步讀取已設定為放售項目的資料。

8.4

在 Rarible NFT 市場 創建和放售 NFT

官網網址：https://rarible.com/

瀏覽器：✔   手機 app：✔（只有 iOS 版，手機 app 只提供瀏覽功能不能購買）

Rarible 無需註冊帳戶，用瀏覽器或下載手機 app 直接連接加密錢包就可以使用。不過手機 app 只提供瀏覽 NFT 項目的功能，要購買是要用網絡瀏覽器來操作，iPhone 用戶可打開 Safari 瀏覽器購買。

1. 安裝 app 及連接 MetaMask 錢包

▶ 在 Apple App Store 或 Google Play Store 下載 Rarible 手機 app (iOS/Android)。首次執行時選擇「Connect」連接錢包。

▶ 選擇要連接的錢包,例如本例子可選擇 MetaMask 錢包。

▶ 手機已裝有 MetaMask 錢包,按「連接」確認便完成連接程序。

2. 查看 Rarible 市場放售中的 NFT 項目

▶可以查看 NFT 項目的價格和其他資料。

3. 在瀏覽器創建 NFT 項目

▲選 Create 創建一個新 NFT 項目。

▲連接 MetaMask 錢包繼續。

▲選擇單個(Single)還是多個(Multiple)。

▲選擇區塊鏈。

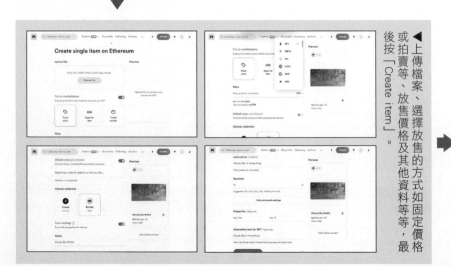

◀上傳檔案、選擇放售的方式如固定價格或拍賣等、放售價格及其他資料等等,最後按「Create item」。

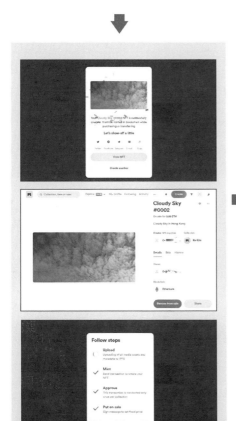

▲ 製作期間需要在 MetaMask 錢包按「簽署」，完成後可看項目或接着製作另一個項目。

▲ 手機 app 自動同步讀取已設定為放售項目的資料。

▲ 網站有中文介面選項，但不是所有內容都是中文。

161

8.5

在 Sandbox 元宇宙中買地皮

官網網址:

https://www.sandbox.game/

瀏覽器: ✓

手機 app: ✗

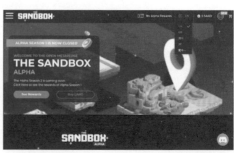

▲ Sandbox 有繁 / 簡 / 英 / 韓 / 日數個語言介面。

1. 建立帳戶

Sandbox 需要玩家連接加密錢包來進入元宇宙遊戲。如果想使用 Game Maker 功能,便必須要註冊一個帳戶。

2. 遊戲功能

　　網頁左邊的功能選項：「ALPHA」是遊戲本身，由於第一季已完結，所以可以查看結果及是否有獎勵，「市場」(Market) 是買賣 NFT 項目的地方，可以瀏覽選購感興趣的項目。

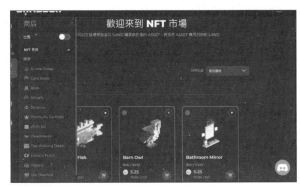

▲如果想投資買入地皮，可以在「NFT 類型」選「LAND」查看其他玩家在放售的地皮

▲由於不是官方發售地皮，所以會連結到 Opensea 市場。項目標題的坐標可以對應元宇宙地圖內的位置。

▶在功能選項選「地圖」(MAP) 便可以查看整個 Sandbox 的地圖。點擊地皮，在介面右邊會顯示相關資訊，例如標示「ON SALE」便是在放售中的地皮。仔細瀏覽整個地圖會發現很多知名公司和品牌已經購入地皮，並在這裡顯示它們的所在位置。

3. Game Maker 功能

▲在功能選項選「建立」(CREATE) 會進入 Game Maker 功能，三項功能的第一項 Game Maker 是設計遊戲，讓其他玩家參觀地皮時可以玩遊戲。

▲第二項 VoxEdit 是製作工具，玩家需先透過「創作者基金」成為藝術家，及下載 VoxEdit 軟件才可以製作模型 / 動畫 / NFT 物品。

▲之後可逐一針對頭、衫、褲、鞋選擇款式。

▲第三項「虛擬化身」(Avatar) 讓玩家設計自己的虛擬化身，首先是選擇全身的形象包括修改膚色等。

　　由於 Sandbox ALPHA Season 1 第一季已完結，Season 2 第二季開始之後便可以體驗 Sandbox 遊戲的樂趣。

結語

區塊鏈技術與元宇宙未來發展

　　區塊鏈技術逐漸廣泛應用在虛擬加密貨幣和非同質化代幣NFT上，透過加密演算創造數碼代碼，建立一個獨立、不需中間驗證者和可以防竄改的「去中心化」技術。元宇宙的概念則是構建在 3D 體驗的線上世界，讓用家沉浸式體驗虛擬世界，非同質化代幣 NFT 同樣處於初期階段，基本上沒有入場門檻限制，任何用戶也可以參與買賣。由於是「中心化」的設計，各個平台自成一家，有各自的交易方式，運用區塊鏈技術也牽涉環保的能源消耗爭議。此外亦有涉及人為和監管的各種風險，投資 NFT 之前必須深思熟慮。

　　理想的沉浸式元宇宙體驗，影像內容是非常重要的元素，隨着 5G 網絡日漸普及及 VR 裝置的改良，用戶對影像內容的像真程度要求只會越來越高。為建構多角度的沉浸體驗，影像素材更加需要 3D 化，否則體驗會大打折扣。在現行技術的限制下，不少應用方案只能改以動畫繪圖或虛擬頭像等形式來進行。

　　因此而生的容積影像 (Volumetric image) 技術便是以超真實的影像內容作為元宇宙的核心內容。容積影像是一種 3D 影像的拍攝技術，原理是透過運用多部鏡頭同時間以多角度進行拍攝，將捕捉到的動態物件影像以軟件分析，並整合成動態模型素材放上平台，由此用戶便可以在 360 度環境下觀看真人動作。

　　和之前年代的互聯網應用一樣，元宇宙應用的發展關鍵在於內容，優質的內容才可以吸引更多用戶的興趣和加入體驗。和拍攝照片類似，

當技術進展到一般用戶也可以創作大眾都會感興趣的內容，加上 AR 眼鏡、VR 頭盔等裝置的成像效果更逼真、使用更方便，配合 5G 高速網絡以極速下載 3D 內容，元宇宙便有機會如現在的 YouTube、Instagram 或 Tiktok 等平台般普及。

▲元宇宙應用的發展關鍵在於內容，優質的內容才可以吸引更多用戶的興趣和加入體驗。

元宇宙 NFT 精讀本

編著： 黎榮鉅 Kenny Lai
編輯：王曉影
版面設計：麥碧心
相片授權：©istockphoto.com/Calin Hanga, Tanni roy, Jomkwan, ChakisAtelier, Alina
Spiridonova, SiberianArt, ismagilov

出版：跨版生活圖書出版
地址：荃灣沙咀道 11-19 號達貿中心 211 室
電話：3153 5574　傳真：3162 7223
網址：www.crossborder.net
專頁：www.facebook.com/crossborderbook
電郵：crossborderbook@yahoo.com.hk

發行：泛華發行代理有限公司
地址：香港將軍澳工業邨駿昌街七號星島新聞集團大廈
電話：2798 2220　傳真：2796 5471
網頁：http://www.gccd.com.hk
電郵：gccd@singtaonewscorp.com

台灣總經銷：永盈出版行銷有限公司
地址：231 新北市新區中正路 299 號 4 樓
電話：(02)2218 0701　傳真：(02)22180704

印刷：鴻基柯式印刷有限公司

出版期：2022 年 7 月 第 1 次印刷
定價：港幣 88 元　新台幣 440 元
ISBN：978-988-75023-8-8

出版社法律顧問：勞潔儀律師行

風險披露聲明

投資涉及風險，證券、基金、貨幣、債券、商品、衍生工具及其他投資項目的價格可升亦可跌，
更可給變得毫無價值。投資未必一定能夠賺取利潤，反而可能會招致損失，往績數字並非未
來表現的指標。本書資料及內容只供參考，並非向任何人士作邀請或招攬投資項目，因本書
之內容而導致的任何損失，需自行承擔投資涉及風險。投資前應先閱讀有關產品發售文件、
財務報表及相關的風險聲明，並應就本身的財務、其他狀況及需要，詳細考慮並決定該投資
是否切合本身特定的投資需要，若有需要更應諮詢獨立之法律、財務及其他專業意見，方可
作出有關投資決定。